AF239778

Die 12 Ansätze zu effektivem Handeln

Entwürfe für die Zukunft — Band 17

Kontakt: www.HarryEilenstein.de
Harry.Eilenstein@web.de
Harry Eilenstein bei youtube

Impressum: Copyright: 2022 by Harry Eilenstein – Alle Rechte, insbesondere auch das der Übersetzung, vorbehalten. Kein Teil des Buches darf ohne schriftliche Genehmigung des Autors und des Verlages (nicht als Fotokopie, Mikrofilm, auf elektronischen Datenträgern oder im Internet) reproduziert, übersetzt, gespeichert oder verbreitet werden.

Verlag: BoD · Books on Demand GmbH, Überseering 33, 22297 Hamburg, bod@bod.de
Druck: Libri Plureos GmbH, Friedensallee 273, 22763 Hamburg

ISBN: 978-3-8192-0984-0

Inhaltsübersicht

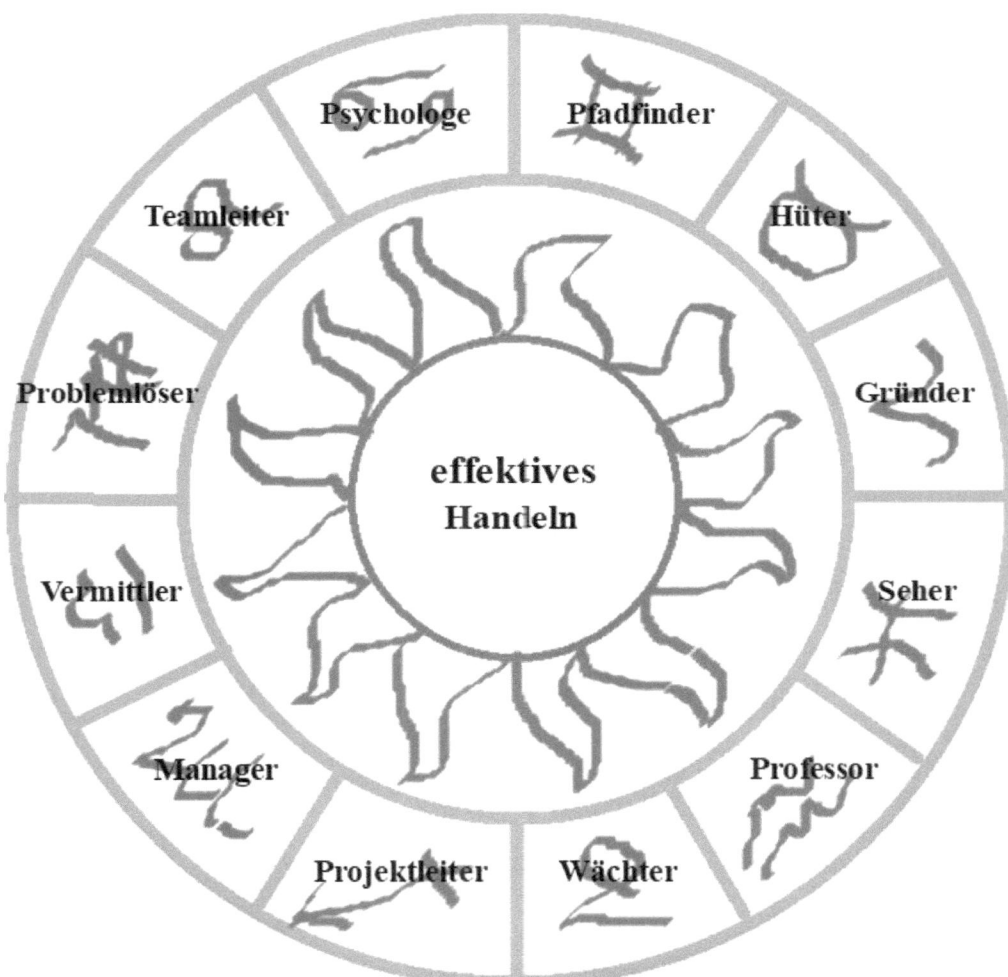

effektives Handeln

Psychologe · Pfadfinder · Hüter · Gründer · Seher · Professor · Wächter · Projektleiter · Manager · Vermittler · Problemlöser · Teamleiter

Warum 12?

Alle Bücher dieser Reihe haben genau 12 Kapitel – was sich ja auch in den Titeln dieser Bücher widerspiegelt. Warum?

In diesen Büchern wird der Tierkreis als Matrix von 12 verschiedenen Sichtweisen auf die Welt verwendet, um das Thema des Buches möglichst umfassend in 12 Kapiteln zu betrachten. Dadurch wird eine ausgewogenere, umfassendere und tiefere Einsicht in das jeweilige Thema erlangt als es ohne ein solches Raster, ohne eine solche Matrix möglich wäre.

Der Tierkreis wird in dieser Buch-Reihe als Forschungs-Hilfsmittel benutzt, durch das die Einseitigkeiten in der Betrachtung zumindest vermindert werden können. Weiterhin werden durch dieses Vorgehen diese 12 Sichtweisen auch als Ergänzungen zueinander, als organische Teile eines Ganzen deutlich.

Die Inspiration zu diesem Vorgehen stammt aus Hermann Hesses Roman „Das Glasperlenspiel", für das er 1946 den Literatur-Nobelpreis erhielt. In diesem Roman beschreibt er die öffentlichen Darstellungen von Übersichten und Gesamtbetrachtungen, die mithilfe von verschiedenen allgemeinen Strukturen wie z.B. dem Ba Gua aus dem chinesischen Feng-Shui angefertigt und aufgeführt werden.

Diese Buch-Reihe ist ein Versuch, Hesse's Idee im ganz Kleinen konkret zu verwirklichen.

Die Blickwinkel der 12 Tierkreiszeichen sind:

♈	Widder:	Spontaner
♉	Stier:	Genießer
♊	Zwilling:	Neugieriger
♋	Krebs:	Familienmensch
♌	Löwe:	Egozentriker
♍	Jungfrau:	Handwerker
♎	Waage:	Schöngeist
♏	Skorpion:	Tiefgründiger
♐	Schütze:	Idealist
♑	Steinbock:	Realist
♒	Wassermann:	Theoretiker
♓	Fische:	Träumer

1. Gründer

♈

Etwas Neues entsteht nur, wenn jemand den Mut zu etwas Neuem hat – und zuvor natürlich auch die Idee, das Bild und den Impuls zu diesem Neuen gehabt hat. Dabei geht es oft auch darum, die Situation und ihre Möglichkeiten zu erkennen und eine Gelegenheit beim Schopf zu packen.

Wie Gorbatschow einst zu Honecker sagte: „Wer zu spät kommt, den bestraft das Leben."

Individuum

Auch der Einzelne braucht diesen Pioniergeist, um eine Gelegenheit zu ergreifen und das in ihr liegende Potential zu entfalten. Das gilt für einen Umzug und einen neuen Arbeitsplatz genauso wie für eine neue Beziehung … oder für eine Affäre.

Ohne den Mut und den Gründergeist kommt nichts in Gang. Dabei hat es der Einzelne am einfachsten, da er niemand anderen von seinem Vorhaben überzeugen muß und er gleich anfangen kann und alle Fäden in seiner Hand hält.

Gemeinschaft

Das ist auch in einer Gemeinschaft wie z.B. in einer Beziehung, einer GbR, einem Konzern, einem Staat, einer NGO oder der Uno nicht anders. Wenn man nichts Neues wagt, bleibt alles beim Alten. Manchmal strebt man dabei auch Dinge an, die unmöglich erscheinen. Manche von ihnen werden erreicht – andere nicht.

Wenn jedoch nie etwas Neues versucht wird, wird auch nie etwas Neues erreicht – außer auf die schmerzhafte Weise, wenn das Bestehende so sehr veraltet ist, daß es einfach deshalb zugrunde geht, weil es nicht mehr den aktuellen Anforderungen entspricht.

Da man nicht vorhersehen kann, wohin die neue Richtung führt, die man einschlagen will, ist es unter Umständen sinnvoll, erst einmal Experimente in einem kleineren Rahmen durchzuführen, um etwas mehr Sachkenntnis zu erwerben.

Man sollte jedoch auch darauf achten, daß man nicht durch zu viel Zögerlichkeit den günstigen Zeitpunkt verpaßt und dann deshalb mit einem eigentlich guten Vorhaben scheitert.

Bei neuen Impulsen in einer Gemeinschaft kommt jedoch auch fast immer eine gewisse Trägheit zum Tragen, die dadurch entsteht, daß Dinge besprochen, abgestimmt, entschieden und organisiert werden müssen. Daher ist es in der Praxis oft so, daß Neues von einem Einzelnen oder von zwei Freunden geschaffen oder zumindest angestoßen und erst später zu einer Gemeinschaft ausgebaut oder in eine schon bestehende Gemeinschaft integriert wird. Gemeinschaften sind schwerfälliger als Einzelne, was Neuerungen betrifft. Das ist jedoch nicht nur ein Nachteil, sondern schützt auch davor, daß das Ganze durch übereilte und riskante Aktionen in Gefahr gebracht wird.

Erde

Wie entsteht auf der Erde als Ganzes etwas Neues? Zunächst einmal durch Mutation und Selektion – zumindest gilt das für das Tierreich und das Pflanzenreich und ebenso für die leibliche Entwicklung des Menschen.

Innerhalb der Menschheit – also im weltanschaulichen, gesellschaftlichen, politischen und ökonomischen Bereich entsteht Neues meistens durch den Impuls eines Einzelnen, der dann zu einer „Bewegung" anwächst. Beispiele dafür sind:

- die Grundprinzipien „Gleichheit, Freiheit, Brüderlichkeit" – also die Menschenrechte – sind von Rousseau und Locke formuliert worden und sind dann durch die amerikanische Unabhängigkeitserklärung und die Französische Revolution weltweit bekannt und anerkannt worden;

- die Initiativen von Lassalle, Bebel und Liebknecht, die zu der Gründung der Partei geführt hat, die heute als „SPD" bekannt ist;

- die Schriften von Marx und Engels, die zum Marxismus/Kommunismus geführt haben;

- die Notwendigkeit einer ökologischen Handlungsweise auch in der Wirtschaft sind 1972 durch das Buch „Grenzen des Wachstums", das der „Club of Rome" verfaßt hat, bekannt geworden und mittlerweile weitestgehend anerkannt – jedoch leider noch nicht auch in demselben Ausmaß befolgt worden;

- die Schulstreiks von Greta Thunberg vor dem schwedischen Parlament, die zu „Fridays for Future" geführt haben.

In den meisten Fällen gehen solche Veränderungen auch zwischen Staaten von einzelnen Staaten aus – so ist zum Beispiel die Gründung des Völkerbundes 1920 vor allem von dem US-Präsidenten Woodrow Wilson vorangetrieben worden. Die Umwandlung des Völkerbundes zur UNO 1942 war insbesondere dem US-Präsidenten Roosevelt und dem britischen Premierminister Churchill ein Anliegen.

Zusammenhänge

Für ein effektives Handeln ist jedoch nicht nur der Gründungs- und Handlungsimpuls selber von zentraler Wichtigkeit – er muß mit jedem anderen der zwölf Prinzipien des effektiven Handelns in Bezug gesetzt werden. Erst dadurch erhält der Gründungsimpuls seine effektive Größe, Struktur, Ausrichtung und Dynamik.

Die zwölf Aspekte, die bei dem Handlungsimpuls beachtet werden sollten, sind:

- Ohne den Handlungsimpuls selber geschieht gar nichts. Er muß klar genug und auch groß genug sein, um eine Wirkung haben zu können. Er entspricht dem Widder. Er ist die Grundlage und immer der erste Schritt dieses Handlungs-Stils. (Dieser Aspekt des effektiven Handelns wird in diesem 1. Kapitel dieses Buches dargestellt.)

  Am Anfang war die Tat. (Goethe)

- Der Handlungsimpuls muß auch die voraussichtliche zukünftige Situation beachten, um dem Neuen die Chance auf ein gutes Gedeihen zu sichern. Dieses Einfügen in die „Umstände" und in die Biographie bzw. Geschichte ist stets der notwendige zweite Schritt bei dieser impulsiven Handlungsweise. Dieses Einfügen entsteht durch die Verbindung zum Stier. (Dieser Aspekt des effektiven Handelns wird im 2. Kapitel dieses Buches dargestellt.)

  Das Erschaffene muß auch geschützt werden.

- Der Handlungsimpuls kann dadurch gefördert werden, daß man die Vielfalt der Vorgehensmöglichkeiten untersucht und dann den effektivsten Weg auswählt, statt nur geradeaus und mit dem Kopf durch die Wand zu rennen. Diese Suche nach dem effektivsten Vorgehen integriert die einzelne Handlung in den Umraum. Dieses Streben nach Effektivität entsteht durch die Verbindung zum Zwilling (siehe das 3. Kapitel dieses Buches).

  Geschick spart Kraft.

- Der Handlungsimpuls muß den Charakter der bestehenden Gemeinschaften berücksichtigen und miteinbeziehen, damit der innere Zusammenhalt nicht zerstört wird. Diese Rücksichtnahme schützt das Innere und die Gemeinschaft, zu der man gehört. Sie entsteht durch die Verbindung zum Krebs (siehe das 4. Kapitel dieses Buches).

  Taten sollten erschaffen und nicht zerstören.

-   Der Handlungsimpuls muß dadurch gestärkt werden, daß er mit dem eigenen Wesen bzw. dem Wesen der Gemeinschaft oder der Menschheit als Ganzes übereinstimmt. Ein wesensfremder Impuls kann niemals solch eine große Kraft und Wirkung entfalten wie ein wesenseigener Impuls. Diese Stärkung durch die Übereinstimmung mit dem eigenen Wesenskern erschafft eine lenkende Mitte. Dieser Wesenskern entsteht durch den Bezug zum Löwen (siehe das 5. Kapitel).

    Einzelhandlungen werden erst durch einen Gesamtentwurf effektiv – also erst dann, wenn sie zu einer „Herzens-Angelegenheit" werden.

-   Der Handlungsimpuls muß auch auf die Details achten, damit der große Plan nicht an Kleinigkeiten scheitert. Die dafür notwendige Sorgfalt und Bedächtigkeit schützen das System. Diese beiden Fähigkeiten entstehen durch die Verbindung zur Jungfrau (siehe das 6. Kapitel).

    Vorsicht vor Maulwurfshügeln! Stolpergefahr!

-   Der Handlungsimpuls kann dadurch effektiver werden, daß man darauf achtet, daß man das Vorhaben allen Beteiligten erklärt und verständlich macht und sie einlädt, an dem Vorhaben mitzuwirken. Dieses Kommunizieren ist der Gegenpol zu der Gründung, bei der man ganz auf sich selber ist – diese Gespräche wenden sich an die anderen. Dieses Mitteilen verhindert die Einseitigkeit und die Begrenztheit des endlosen „Solos". Diese Kommunikation entsteht durch die Verbindung zur Waage (7.Kapitel).

    Gemeinsam geht es schneller und leichter.

-   Der Handlungsimpuls muß auch darauf achten, daß das Wesentliche stets im Vordergrund bleibt und auch darauf, daß die Spannung nicht erlahmt, aber auch nicht überstrapaziert wird und deshalb zusammenbricht. Die dafür notwendige Kritikfähigkeit und Verwandlungsbereitschaft ermöglichen die Weiterentwicklung. Diese beiden Fähigkeiten entstehen durch die Verbindung zum Skorpion (8. Kapitel).

    Es hat keinen Sinn, ein als falsch erkanntes Ziel weiterhin mit aller Kraft anzustreben.

-   Der Handlungsimpuls muß auch dadurch gestärkt werden, daß er mit den generellen Zielen übereinstimmt, da es sonst zu Zielkonflikten und manchmal auch zu Rollenkonflikten kommen könnte. Diese Stärkung durch klare Ziele ermöglicht eine klare Ausrichtung. Diese Zielstrebigkeit entsteht durch den Bezug zum Schützen (9. Kapitel).

Förderlich ist es, mit Überblick zu handeln.

- Der Handlungsimpuls muß auch das Bewahren der Grundlagen des Ganzen berücksichtigen und miteinbeziehen, da sonst zwar das Neue erschaffen, aber das Alte beschädigt oder gar zerstört wird. Dieser Realitätssinn erschafft Sicherheit. Diese Festigkeit entsteht durch die Verbindung zum Steinbock (10. Kapitel).

Es ist wenig sinnvoll, mit dem Kopf gegen die Wand zu rennen, wenn es in der Wand auch eine Tür gibt.

- Der Handlungsimpuls kann auch dadurch gefördert werden, daß man die Kenntnis des gesamten Bereiches erwirbt, um den es geht – also dadurch, daß man die theoretischen Grundlagen dessen versteht, was man vorhat. Diese Kenntnisse helfen auch dabei, Teil einer „Bewegung" zu werden und die eigenen Ziele gemeinsam mit anderen, die dieselben Ziele haben, zu erreichen. Dieses Allgemeinwissen entsteht durch die Verbindung zum Wassermann (11. Kapitel).

Förderlich ist es, vor dem Loslaufen mal auf eine Landkarte zu schauen.

- Der Handlungsimpuls muß auch den Rückhalt in der Vorgeschichte und in den allgemeinen Strömungen beachten, um das Neue in die Gesamtentwicklung und in das Große Ganze einzufügen. Dieses Einfügen in das Große Ganze erschafft einen Rückhalt in der Welt, was bedeutet, daß man die allgemeinen Strömungen für die eigenen Zwecke nutzen kann. Diese Teilhabe an dem Ganzen entsteht durch die Verbindung zu den Fischen (12. Kapitel).

Warum rudern, wenn auch Segeln möglich ist?

Zusammenfassung

Ohne Mut und Tatkraft entsteht nichts Neues – doch dieser Impuls muß auch gut geerdet sein und das gesamte Umfeld im Blick haben, um Wirklichkeit werden zu können. Man sollte sich allerdings auch nicht durch widrige Umstände einschüchtern lassen.

Dies ist der erste der drei Stile, die auf das Tun ausgerichtet sind (astrologische Feuerzeichen).

2. Hüter

♉

Auf den Gründer folgt notwendigerweise der Erhalter, denn wenn die Ernte nicht gut gelagert wird, verdirbt sie und die ganze Arbeit war umsonst. Das Erschaffene muß geschützt werden, damit es nicht fault, damit es nicht gestohlen werden kann und damit es nicht von einem anderen beansprucht und durch juristische Tricks entwendet werden kann. Schließlich muß das Erschaffene auch noch genutzt und genossen werden können, da es sonst ebenfalls wertlos wird.

Zu der Tätigkeit des „Hüters" gehört die Abgrenzung des „Eigenen" gegen das „Fremde", durch die eigene Eigenart geschützt wird. Das ist keine Isolation, sondern eine „semipermeable Membran", wie man dies in der Biologie nennt: Es wird geprüft, was an die Haustüre klopft, und anschließend an diese Prüfung wird das Angenehme eingelassen und das Schädlich abgewiesen.

Diese Wichtigkeit des Schutzes des „Innen" gegen das „Außen" führt zunächst einmal dazu, daß man nach jemandem sucht, dem man vertraut und der einem Rückhalt gibt – am Anfang des Lebens ist dies die eigene Mutter, später können dies andere Menschen sein. Natürlich kann man auch selber anderen dieses Vertrauen, diesen Schutz und diesen Rückhalt geben.

Individuum

Es wird also ein Lagerverwalter, ein Koch und ein Mundschenk gebraucht, die wissen, wovon wieviel vorhanden ist, was voraussichtlich wann gebraucht wird und wie die Vorräte daher eingeteilt werden müssen. Diese Vorräte können sowohl konkrete Dinge wie der Weizen im Silo, aber auch abstrakte Dinge das Geld auf dem Konto sein.

Es sollten daher Vorräte für Notzeiten gebildet und Rücklagen angelegt werden, damit man auch auf Unvorhergesehenes vorbereitet ist. Dazu muß man natürlich auch den eigenen Bedarf kennen.

Weiterhin sollte es Schutzmauern, eine Firewall, die passenden „Truhen" zur Aufbewahrung und eine Notfall-Vorsorge geben und man sollte Kenntnisse in Erster Hilfe besitzen.

Es sollten auch die Pausen zur Regeneration und auch das Genießen des Erworbenen nicht vergessen werden.

Gemeinschaft

In der Gemeinschaft sind diese Vorgänge etwas komplizierter, da es hier u.a. auch um die „Verteilung des Kuchens" geht – angefangen von dem ganz konkreten Kuchen in der WG über die Budgetierung der verfügbaren Geldmittel in einem Unternehmen bis hin zur Festlegung der Steuereinnahmen in einem Staat – das bietet reichlich Potential zum Streiten …

Für eine sinnvolle Verteilung der vorhandenen Mittel muß daher der eigene Bedarf und der Bedarf der Gemeinschaft bekannt sein – und einheitlich (also nicht nach unterschiedlichen Bewertungsmaßstäben) eingeschätzt werden. Das ist bei der Grundversorgung noch recht einfach, doch bei dem, was darüber hinausgeht, und ebenso bei Gemeinschaftsprojekten („Was ist am wichtigsten?") und neuen Unternehmungen ist das nicht immer so eindeutig, daß es alle sofort einsehen und einer Meinung sind.

Außerdem gibt es in fast jeder Gemeinschaft auch Menschen, die von Gier, Machtstreben und Geltungssucht geprägt sind – und es ist nicht immer einfach, diese Menschen rechtzeitig zu erkennen, bevor sie in der Gemeinschaft festen Fuß gefaßt und sich eine Machtposition erarbeitet haben.

Auch die prinzipiellen Ansichten über die gerechte Verteilung des Gewinns – worin auch immer der bestehen mag – gehen manchmal weit auseinander. An dem einen Ende steht der extrem liberale und den Egoismus betonende Standpunkt – an dem anderen Ende der extrem soziale und den Altruismus betonende Standpunkt.

Erde

Noch schwieriger wird die Angelegenheit, wenn man Vorgänge in der gesamten Menschheit koordinieren und lenken soll – zumal keine Regierung und auch nicht die UNO Zugriff auf alles hat … und außerdem in der Regel diejenigen, die am heftigsten nach Macht streben, auch an der Macht sind – und die sorgen vor allem für sich selber und nicht für die Gemeinschaft oder gar für die gesamte Menschheit.

Der Platz auf der Erde ist begrenzt, die Energieträger (Kohle, Erdöl, Erdgas, Uran) sind begrenzt, die Rohstoffe (Kupfer, Halbleiter, viele Metalle) sind ebenfalls begrenzt, die noch gerade unschädliche Klimaerwärmung ist begrenzt, die noch gerade verträgliche Abholzung der Wälder (die den Sauerstoff zum Atmen produzieren) ist begrenzt … Diese Liste ließe sich noch sehr lange fortführen. Die Verteilung des Platzes und der Rohstoffe ist also auch ein kollektives Problem.

Eine wesentliche Aufgabe dieses zweiten Aspektes des effektiven Handelns ist das Bewahren der Erde als eines bewohnbaren Ortes, der nicht durch uns selber zerstört wird: durch Überschwemmungen (die Klimaerwärmung kann den Meeresspiegel um 67m steigen lassen), durch Rohstoffausbeutung, durch Überbevölkerung, durch

Atombomben (mit den Atombomben, die derzeit existieren, läßt sich die ganze Erdoberfläche in Glas verwanden), giftige Chemikalien, Biokampfstoffe usw.

In dieser Hinsicht verhalten wir Menschen uns derzeit alles andere als erwachsen. Kollektiv gesehen geben wir derzeit noch immer weit mehr Geld für Rüstung und Kriege aus als für die Erhaltung der Erde, die doch unsere einzige Lebensgrundlage ist.

Zusammenhänge

Für ein effektives Handeln ist jedoch nicht nur die Erhaltung und Bewahrung wichtig – sie müssen mit jedem anderen der zwölf Prinzipien des effektiven Handelns in Bezug gesetzt werden. Erst dadurch erhalten die Bewahrung und der Schutz ihre effektive Größe, Struktur, Ausrichtung und Dynamik.

Die zwölf Aspekte, die bei der Erhaltung und Bewahrung beachtet werden sollten, sind:

-   Ohne das Bewahren vergeht das Neuerschaffene sofort wieder und ist somit nutzlos und kann nicht genossen werden. Das Neuerschaffene muß zudem sinnvoll aufgeteilt werden – sowohl zwischen den Menschen als auch zwischen verschiedenen Bereichen und außerdem auch noch zeitlich gesehen (Bis wann muß der Vorrat reichen?). Dieses schützende, hütende, pflegende und das Gedeihen fördernde Bewahren entspricht dem Stier (2. Kapitel). Es ist die Grundlage und immer der erste Schritt dieses Handlungs-Stils.

    Es bleibt nur, was sich selber erhalten kann.

-   Das Bewahren muß auch die voraussichtliche zukünftige Situation beachten, um erkennen zu können, was gebraucht werden wird, was durch anderes ersetzt werden kann, wo dringend neue Ideen benötigt werden und welche Alternativen es alles gibt – mitsamt ihren Vor- und Nachteilen. Diese Beschaffungsplanungs-Abteilung sollte möglichst kreativ und beweglich sein, um schnell auf alle Krisen im Bestand reagieren zu können. Das Erwerben dieser Wachheit bezüglich der zu erwartenden kurz- und mittelfristigen Entwicklung sowie die frühzeitige Reaktion auf diese erwartbaren Situationen ist stets der notwendige zweite Schritt bei dieser Genuß-orientierten Handlungsweise. Diese Wachheit für Veränderungen und Chancen entsteht durch die Verbindung zum Zwilling (3. Kapitel).

    Das Schützen ist einfacher, wen man sieht, was kommt.

- Das Bewahren kann dadurch gefördert werden, daß man die Gemeinschaft in die Planung miteinbezieht und sich genaue Kenntnisse über die aktuellen und die zukünftigen Bedürfnisse verschafft. Dadurch wird vermieden, daß man an dem, was tatsächlich am dringendsten benötigt wird, vorbeiplant und vorbeiproduziert. Diese Orientierung auch an der Gemeinschaft integriert den eigenen Bereich in den sozialen Umraum. Diese Kontaktbereitschaft entsteht durch die Verbindung zum Krebs (4. Kapitel).

Das Rudel wehrt sich gemeinsam, wenn es angegriffen wird.

- Das Bewahren muß den Charakter des Individuums bzw. der Gemeinschaft berücksichtigen und miteinbeziehen, damit auch tatsächlich das gesammelt und bewahrt wird, was dann von dem Einzelnen gebraucht wird – und auch zu diesem Einzelnen gelangt. Zudem ist der Einzelne bzw. die Gruppe auch der Verbraucher von dem, was bewahrt worden ist. Diese stets sinnvolle Verwendung, die ja auch zur einer Reduzierung der Vorräte führt, schützt das Innere. Dieses bewußte Vorgehen entsteht durch die Verbindung zum Löwen (5. Haus).

Das Bewahren des Bestandes ist einfacher, wenn man das Ganze sehen kann.

- Das Bewahren muß dadurch gestärkt werden, daß es mit einer ausreichend großen und tiefen Sachkenntnis und den darauf beruhenden handwerklichen Fähigkeiten verknüpft wird. Ein kleiner Fehler im Umgang mit verderblichen oder schwer zu beschaffenden Waren oder im Umgang mit dem zur Verfügung stehenden Geld kann einen sehr großen Schaden hervorrufen. So haben Fehlplanungen im Nahrungsmittelanbau kurz nach der Revolution in China in den Jahren 1959-1961 ca. 40 Millionen Menschen das Leben gekostet. Diese Stärkung des Schutzes des Bestehenden durch eine solide Sachkenntnis erschafft eine lenkende und beschützende Mitte. Diese Vorsicht entsteht durch den Bezug zur Jungfrau (6. Kapitel).

Sachkenntnis schützt.

- Das Bewahren muß auch auf die anderen achten, die nicht direkt zur eigenen Gruppe gehören, aber die sich im Umfeld der eigenen Gruppe befinden. Durch Almosen, Spenden, Unterstützungen und Förderungen erschafft man sich ein wohlgesonnenes Umfeld, das wiederum die eigenen Vorhaben unterstützt. Die dafür notwendige Offenheit und Anteilnahme schützen das System. Diese beiden Fähigkeiten entstehen durch die Verbindung zur Waage (7. Kapitel).

Frieden schaffen erspart Verteidigung.

- Das Bewahren kann auch dadurch effektiver werden, daß man darauf achtet, daß man nicht einfach alles hortet, was man in die Finger bekommen kann, sondern daß man auch prüft, was wie wichtig ist, zwischen welchen Dingen Zusammenhänge bestehen, und dadurch, daß man auch darauf achtet, daß die Lager auch nicht übervoll sind und die Dinge deshalb verderben oder auf eine andere Weise an Wert verlieren. Zu dem Ansammeln gehört als Gegenpol auch das Benutzen und Fortgeben – die Nahrungsaufnahme ohne die Nahrungsausscheidung würde zu schweren Krankheiten führen. Dieses Wiederauflösen des Angesammelten verhindert die Einseitigkeit. Diese Wandlungsbereitschaft entsteht durch die Verbindung zum Skorpion (8. Kapitel).

  Aufnehmen ohne abzugeben ist ungesund.

- Das Bewahren muß auch auf das achten, was über die Gegenwart hinausgeht, denn die Vorräte sollten nicht nur für ein „weiter so" geeignet sein, sondern auch den Zielen in der nahen, mittleren und fernen Zukunft angemessen sein. Die dafür notwendige Weitsicht und Zielgerichtetheit im „Vorratslager" ermöglichen die Weiterentwicklung. Sie entstehen durch die Verbindung zum Schützen (9. Kapitel).

  Zielstrebigkeit fördert den Genuß.

- Das Bewahren muß auch dadurch gestärkt werden, daß es mit den allgemeinen Gesetzmäßigkeiten in Einklang steht, und dadurch, daß es die derzeitigen Machtverhältnisse berücksichtigt, um sinnvoll agieren zu können. Dafür sind unter anderem auch genaue Kenntnisse über die Menge und die Art dessen, was bewahrt, beschützt und evtl. auch vermehrt werden soll, nötig – es wird also eine solide Buchführung benötigt, um eine gut fundierte Planung zu ermöglichen. Diese Planungssicherheit – die auch die politische Lage und ihre voraussichtliche Weiterentwicklung umfaßt – wird oft in ökonomischen Überlegungen als wesentliches Kriterium für Investitionen angeführt. Diese Planungssicherheit ermöglicht eine klare und sichere Ausrichtung. Diese Sicherheit entsteht durch den Bezug zum Steinbock (10. Kapitel).

  Sachlichkeit schafft Sicherheit.

- Das Bewahren muß auch die voraussichtliche Entwicklung der Weltlage, neue Erfindungen, die Größe des eigenen Wachstums und generell die wünschenswerte Zukunft miteinbeziehen, damit man die Dinge einlagert, die auch wirklich gebraucht werden, bzw. damit man sich zunächst ein ausreichend großes finanzielles Polster aufbaut. Dieser Blick von oben auf das Ganze und das theoretische Verständnis der gesamten komplexen Hintergründe, Zusammenhänge,

Strukturen und Dynamiken erschafft Sicherheit. Dieser „globale Blick" entsteht durch die Verbindung zum Wassermann (11. Kapitel).

Wissen erspart Mühe.

- Das Bewahren kann auch dadurch gefördert werden, daß man weiterhin offen für alle anderen bleibt und auf die aktuell günstigen Gelegenheiten und Angebote eingeht, um Hilfe bittet und sie auch annehmen kann – und natürlich genauso auch andere, die in Notlagen geraten sind, unterstützt. Das gesamte Sozialsystem (Steuern, Krankenversicherung, Rente usw.) ist auf dieser Einsicht aufgebaut. Diese gegenseitige Unterstützung hilft Teil einer „Bewegung" zu werden, in der man nicht alleine ist. Diese „soziale Ader" entsteht durch die Verbindung zu den Fischen (12. Kapitel).

Wer sieht, was kommt, ist schon halb geschützt.

- Das Bewahren muß auch den Rückhalt in der Vorgeschichte beachten, um klar sehen zu können, welche Vorräte auf welche Weise, wie schnell und mit welchem Aufwand bzw. mit welchen Schwierigkeiten wieder beschafft werden können. Diese Beschaffungs-Abteilung ermöglicht dem Lagerverwalter, der Leitung deutlich zu sagen, wann sie mit was für ihre Projekte rechnen kann und wo Engpässe bzw. extrem hohe Kosten zu erwarten sind. Diese Kenntnis der Beschaffungsmöglichkeiten erschafft einen Rückhalt in der Welt. Dieses Wissen um die Handlungsmöglichkeiten entsteht durch die Verbindung zum Widder (1. Kapitel).

Das Tore der Stadt und die Zinnen der Mauern sollten nicht unbewacht sein.

Zusammenfassung

Es werden Vorräte an Dingen und an Geld benötigt, um die eigenen Projekte umsetzen zu können. Dafür sind Umsichtigkeit, Schutz des Bestandes und auch Streben nach Wachstum und Gedeihen notwendig sowie auch die Fähigkeit, den eigenen Besitz zu genießen. Schließlich geht es nicht darum, viel zu besitzen, sondern ein genußreiches Leben zu führen. Daher ist es auch notwendig zu erkennen, daß „Fülle" nicht bedeutet, daß man „viel" hat, sondern man gerade „die richtige Menge" von „den richtigen Dingen" hat. Dann kann ein sinnvolles und genußreiches Verhältnis zwischen Anschaffung und Verbrauch entstehen.

Dies ist der erste der drei Stile, die auf das sachliche Begreifen und Argumentieren ausgerichtet sind (astrologische Erdzeichen).

3. Pfadfinder

Ⅱ

Die Beschaffung, Verarbeitung und Weitergabe von Informationen ist der dritte Aspekt, der für das effektive Handeln relevant ist. Nur wer das nötige Wissen hat, kann sinnvoll agieren, Abkürzungen erkennen, Unterstützungen finden, Koalitionen schmieden, neue Vorschläge machen, sich eine gut gefüllte Trickkiste zulegen … Um diese Fähigkeit entfalten zu können, ist eine gute Portion Neugier und die Neigung, hinter die Fassade und auch um die nächste Ecke zu schauen, dringend notwendig.

Individuum

Als Einzelner braucht man für diese Grundlage des effektiven Handelns neben der Neugier auch noch die Beweglichkeit. Ein beliebtes Sprichwort dazu lautet „Der Kopf ist rund, damit das Denken die Richtung wechseln kann." Mit dieser geistigen Beweglichkeit ist hier jedoch mehr das Entdecken als die Forschung gemeint.

Man stellt sich die Frage, welche Möglichkeiten es sonst noch so gibt. Man spielt mit den Dingen, um herauszufinden, was man alles mit ihnen machen kann.

Ein wichtiger Aspekt ist auch die Freude am Lernen und die Bereitschaft, den anderen recht zu geben, wenn sie das bessere Argument haben.

Gemeinschaft

Man könnte denjenigen, der diesen Aspekt in einer Gemeinschaft verkörpert, nicht nur „Pfadfinder", sondern auch „Spieler", „Sucher", „Späher", „Programmierer" und „Vertreter" nennen. Oftmals verbreitet er durch seine große Beweglichkeit und seine ständig neuen Einfälle ein wenig Unruhe und Chaos, aber er findet auch viele nützliche Möglichkeiten und ist daher letztlich unverzichtbar für die Weiterentwicklung der Gemeinschaft. Eine treffende Karikatur dieses Typus ist der Bürobote Gaston in den nach ihm benannten Comics von Franquin.

In einer Gemeinschaft ist zur Entfaltung dieser Qualität notwendig, daß eine offene Atmosphäre herrscht, in der jeder ungestraft sagen kann, was er denkt – nur so kommt eine Meinungsvielfalt zustande und nur so ist ein gemeinschaftlicher „Brainstorm" möglich.

Abgesehen von dieser ganz konkreten Nützlichkeit ist die Aufrichtigkeit und die Einladung, kein Blatt vor den Mund zu nehmen, auch für den Austausch untereinander ausgesprochen hilfreich – und dieser Austausch ist wiederum dafür förderlich, daß die Fähigkeiten der Einzelnen zu einer Gesamtfähigkeit zusammenwachsen können, die deutlich effektiver sein wird als die Summe der Fähigkeiten der Einzelnen.

Zu diesem Aspekt der Förderung des effektiven Handelns gehören auch die Gespräche z.B. in den Pausen der Konferenzen. In diesen Zeiten, in denen die Gespräche der Teilnehmer miteinander durch keinerlei Regeln und Themen vorgegeben sind, entwickeln sich oft die kreativsten Ideen – ganz einfach deshalb, weil die Ideen zu diesen Zeiten genügend Raum haben, um sich zeigen zu können und durch andere ergänzt und weiterentwickelt werden zu können.

Daher sollte man in einer Gemeinschaft dafür sorgen, daß es genügend Pausen oder Arbeiten zu zweit oder in kleinen Gruppen gibt, in denen sich die Beteiligten frei unterhalten können. Den Wert des dadurch entstehenden informellen Informationsflusses sollte man nicht unterschätzen.

Erde

Es gibt neben der Konkurrenz zwischen den einzelnen Staaten und Staatenbünden auch Einrichtungen, die den Austausch und die gegenseitige Anregung sowie die Zusammenarbeit fördern.

Dazu gehören der Studentenaustausch, die früher üblichen „Lehr- und Wanderjahre", die Forschungsinstitute, Beratungen, Konferenzen, die Verleihung des Nobelpreis, Einrichtungen wie das Goethe-Institut, die spezielle Fähigkeiten fördern, teilweise auch die UNO und so weiter.

Dieser Austausch funktioniert recht gut zwischen Wissenschaftlern aller Bereiche, jedoch deutlich weniger gut zwischen Politikern und Militärs, die sehr stark auf Konkurrenz statt auf Austausch ausgerichtet sind.

Ein wichtiger Aspekt dieses Informationsaustausches ist auch das Internet, das jedoch auch seine Schattenseiten hat wie z.B. die massenhafte Verbreitung von Fake News, die mittlerweile zudem noch von Texten und Bildern unterstützt werden, die von Künstlicher Intelligenz generiert werden. Trotzdem ist das Internet mittlerweile zu der wichtigsten Informationsquelle der Menschen geworden.

Zusammenhänge

Für ein effektives Handeln ist jedoch nicht nur die Informationsbeschaffung selber von zentraler Wichtigkeit – sie muß mit jedem anderen der zwölf Prinzipien des effektiven Handelns in Bezug gesetzt werden. Erst dadurch erhält der Informationsfluß seine effektive Größe, Struktur, Ausrichtung und Dynamik.

Die zwölf Aspekte, die bei der Informationsbeschaffung beachtet werden sollten, sind:

- Ohne die Informationsbeschaffung tappt man im Dunklen und handelt „auf gut Glück". Man braucht ein vielfältiges Wissen, um eine Lage sicher einschätzen zu können – und man muß viel fragen und lesen und vor allem neugierig sein und auch das Unbekannte erforschen und erproben. Das ist oft ein wenig wie ein Spiel, bei dem man schaut, was man noch so alles mit den Dingen machen kann und welche Möglichkeiten es sonst noch so alles gibt – das ist auch die Freude an dem Neuen, durch das sich das Alte weiterentwickeln kann. Diese Beweglich im Wahrnehmen, im Erkennen, im Wissen und im Anwenden entspricht dem Zwilling (3. Kapitel). Sie ist die Grundlage und immer der erste Schritt dieses Handlungs-Stils.

  Die Welt ist bunt.

- Die Informationsbeschaffung muß die vielen neuen Daten auch verarbeiten und zu einem Bild zusammensetzen, das man intuitiv begreifen kann. Dieses Bild, das man aus den Informationen erschaffen kann, zeigt dann auch, welche Informationen noch fehlen, um das Bild „rund" werden zu lassen. Dieses Zusammenfügen der Informationen zu einem greifbaren Bild ist stets der notwendige zweite Schritt bei dieser sehr beweglichen Handlungsweise. Diese Integration der Informationen zu einem anschaulichen Bild entsteht durch die Verbindung zum Krebs (4. Kapitel).

  Ein Bild sagt mehr als viele Worte.

- Die Informationsbeschaffung braucht auch ein „Herz", d.h. eine Ausrichtung, eine Aufgabe und vor allem eine zentrale Verarbeitung. Es ist notwendig, daß es einen Menschen oder besser noch mehrere Menschen gibt, die alle Informationen kennen und verarbeiten und dann das Gesamtsystem auch lenken können, aus dem all diese Informationen stammen. Es ist dafür auch notwendig, das „Samenkorn" zu erfassen, aus dem heraus dieses System entstanden ist – erst dann kann man auch das System selber verstehen und all die Informationen über dieses System richtig einordnen und deuten. Dieses Begreifen des ganzen Systems integriert die Einzelinformation in ihren Umraum, erschafft ein Gesamtbild und ermöglicht dadurch sinnvolle Entscheidungen. Dieses Erfassen der Mitte des ganzen Systems entsteht durch die Verbindung zum Löwen (5. Kapitel).

  Die Informationsflut verbirgt – das gezielte Hinschauen klärt.

- Die Informationsbeschaffung muß auch sorgfältig sein, denn was nützen viele Informationen, wenn sie in wesentlichen Punkten unvollständig sind oder wenn 10% von ihnen falsch oder so ungenau sind, daß sie das Gesamtbild zu sehr verfälschen. Man sollte aber auch darauf achten, daß man nicht versucht, die Informationen mit sehr viel Aufwand immer noch ein bißchen genauer zu erhalten – sie müssen nur so genau sein, wie ihre Kenntnis anschließend einen Unterschied im Handeln bewirken kann. Diese Sorgfalt schützt das Innere, daß nicht nur durch Falschinformationen behindert, sondern auch durch Überanstrengung bei der Informationsbeschaffung belastet werden kann. Diese Sorgfalt entsteht durch die Verbindung zur Jungfrau (6. Kapitel).

Fake-News?

- Die Informationsbeschaffung muß am Ende ein schlüssiges Bild ergeben. Solange es noch Widersprüche oder Lücken und auch nur Ungereimtheiten in den Informationen gibt, können diese Informationen auch nicht vollständig und richtig sein, was bedeutet, daß man sich aufgrund dieser Informationen noch immer ein falsches Bild von der Situation macht. Erst wenn alle Informationen harmonisch miteinander klingen, könnten sie ein wirklichkeitsgetreues oder zumindest wirklichkeitsnahes Bild von der untersuchten Situation darstellen. Diese Harmonie, die man auch „Schönheit" nennen könnte, ist ein recht sicherer Hinweis auf die Richtigkeit. Diese Schlüssigkeit des Gesamtbildes ermöglicht und erschafft eine lenkende Mitte, da auf diese Weise realitätsnahe Vorstellungen entstehen. Diese Schlüssigkeit entsteht durch die Verbindung zur Waage (7. Kapitel).

Achte auf alles – die Realität ist immer in sich schlüssig.

- Die Informationsbeschaffung sollte auch forschend und prüfend sein. Wenn man etwas verstehen will, schadet es nicht, wenn man auch mal die Haltung eines Forschers, eines Heerführers oder eines Detektivs einnimmt und alle Informationen hinterfragt und schaut, welchen Informationen man vertrauen kann und welche man mit Vorsicht genießen sollte – und welche vielleicht sogar „Fake News" sind. Diese kriminalistisch-prüfende Untersuchung schützt das System. Sie entsteht durch die Verbindung zum Skorpion (8. Kapitel).

Traue dem, was Du siehst – nicht dem, was Du hörst.

- Die Informationsbeschaffung sollte des Weiteren auch zielgerichtet sein. Es hat wenig Sinn, einen Berg von Informationen zu haben, wenn nur 5% dieser Informationen für das anstehende Projekt relevant sind. Man sollte also niemals das Ziel aus den Augen verlieren, wegen dem man sich die Informationen beschafft hat und nun über sie nachdenkt. Diese klare Ausrichtung verhindert die verwirrende Vielfalt, die durch Einseitigkeit des „alles sehen" entstehen kann. Sie entsteht durch die Verbindung zum Schützen (9. Kapitel).

Gezielte Suche findet das Wesentliche.

- Die Informationsbeschaffung sollte sich weiterhin auf verläßliche Daten ausrichten. Dabei kann es förderlich sein, Spezialisten zu Rate zu ziehen, Autoritäten auf dem betreffenden Gebiet zu konsultieren und sich den Verlauf und die Geschichte vergleichbarer früherer Unternehmungen anzusehen. Das ermöglicht, aus den Erfolgen und Fehlern von allen, die früher etwas Ähnliches durchgeführt haben, zu lernen. Dieses historische Wissen ermöglicht die Weiterentwicklung und die Vorhersage von zukünftigen Entwicklungen. Dieses Wissen entsteht durch die Verbindung zum Steinbock (10. Kapitel).

Wer die Vergangenheit verstanden hat, kann auch die wahrscheinliche Zukunft sehen.

- Die Informationsbeschaffung sollte auch das übergeordnete Wissen hinzuziehen. Das können allgemeine Theorien sein, Hintergrundwissen, Grundlagen, allgemeine Dynamiken, verschiedene Lehrmeinungen zu einem Thema und dergleichen mehr. Durch das dadurch entstehende umfassendere Bild kann man den großen Zusammenhang erkennen und dadurch Möglichkeiten nutzen, die man sonst übersehen hätte, und auch Gefahren vermeiden, die man sonst gar nicht erkannt hätte. Diese Übersicht ermöglicht eine klare Ausrichtung aus die Informationen, die tatsächlich relevant sind. Dieser „Blick von oben" entsteht durch die Verbindung zum Wassermann (11. Kapitel).

Frage vom Ganzen her – antworte vom Einzelnen her.

- Die Informationsbeschaffung sollte sich auch nicht nur auf die Informationen verlassen, sondern man sollte auch auf Stimmungen, Gesten, Mimik, den Klang der Stimme, den Zeitgeist und ähnliche Dinge achten, die zwar nicht so recht greifbar sind, aber oft zeigen, „wo der Hase langläuft". Dieses intuitive Verstehen einer Situation erschafft Sicherheit. Diese Intuition entsteht durch die Verbindung zu den Fischen (12. Kapitel).

Der Verstand sieht nicht alles – die Intuition schon.

- Die Informationsbeschaffung sollte auch niemals die einzige Grundlage für eine Entscheidung sein. So können z.B. Mut und Entschlossenheit durchaus unvollständige oder teilweise falsche Informationen ausgleichen. Diese Tatkraft, die auch mit minderwertigen Informationen zurechtkommt, hilft Teil einer „Bewegung" zu werden, durch die man in seinen Handlungen gestärkt wird. Diese Handlungsbereitschaft entsteht durch die Verbindung zum Widder (1. Kapitel).

Wenn Du es erkannt hast, dann tu es auch.

- Die Informationsbeschaffung sollte schließlich auch immer den Nutzen der Informationen im Blick behalten. Welche Informationen werden wirklich gebraucht? Welche sind wesentlich? Welche sind unwesentlich? Mit welchem Aufwand kann die jeweilige Information beschafft werden? Und lohnt sich das überhaupt? Diese Effektivität in der Informationsbeschaffung erschafft einen Rückhalt in der Welt, weil man dann das weiß, was tatsächlich nützlich ist. Sie entsteht durch die Verbindung zum Stier (2. Kapitel).

Was muß ich wissen? Und was nicht?

Zusammenfassung

Es werden Informationen gebraucht, um ein Projekt sinnvoll und effektiv durchführen zu können. Aber die Informationen sind kein Selbstzweck und sie müssen auch auf sinnvolle Weise ausgewählt und verarbeitet werden. Es sollte daher bei der Informationsbeschaffung eine ganze Schar von verschiedenen Kriterien berücksichtigt werden, damit man am Ende auch wirklich das weiß, was man am Anfang wissen wollte und was auch wirklich nützlich ist.

Dies ist der erste der drei Stile, die auf das Vergleichen und Abstrahieren ausgerichtet sind (astrologische Luftzeichen).

4. Psychologe

♋

Die Berücksichtigung der Psyche und des bildhaften Erfassens einer Situation ist die vierte Grundlage, auf der ein effektives Handeln beruht. Die meisten Menschen und Dinge treten als Gruppen auf, sind mit anderen Menschen und Dingen verbunden und können daher besser als Bilder und Symbole als durch Begriffe und Zahlen erfaßt werden.

Individuum

Diese vierte Grundlage des effektiven Handelns sind die Bilder und Symbole, für die naturgemäß die bildschaffenden Methoden ein wesentliches Element sind. Das können allgemeine Betrachtungen sein, aber auch traditionelle Formen wie das Benutzen des Tarots, des Ba Gua, der Astrologie, des I Ging oder anderer Orakelmethoden. Auch die Familienaufstellungen können in kreativer Weise auf alle möglichen Situationen und nicht nur auf Familiensituationen angewendet werden. Auch Meditationen und Traumreisen können dabei sehr nützlich sein. Das, was durch diese Vorgehensweisen erreicht wird, ist ein Gesamtbild der Situation, das auf eine direktere Weise als es Informationen können, die in der betrachteten Situation wirkenden Kräfte und vorhandenen Strukturen deutlich macht.

Es gibt nun nicht nur die Wahrnehmung dieser Dynamiken und Strukturen als Bild, sondern es gibt auch die Beeinflussung dieser Dynamiken und Strukturen durch Bilder. Das sind zunächst einmal Logos, die „corporate identity", Symbole und dergleichen mehr, aber auch die inneren Bilder, die man in sich selber erschafft und die dann auch eine Wirkung auf das Außen haben. Das kann man z.B. bei den Familienaufstellungen erleben, aber dieses Vorgehen – also innere Bilder erschaffen, die dann auf das Außen wirken – ist auch die Grundlage der Magie, der Gebete, der Mantren und vieler ähnlicher Methoden.

Diese Imagination des gewünschten Zustandes als inneres Bild lenkt den Zufall, sodaß er zu einem „sinnvollen Zufall" wird. Das kann zu einer sehr großen Unterstützung der eigenen konkreten Handlungen werden, durch die man zu seinem Ziel strebt. Die innere Imagination des bereits erreichten Zieles räumt den Weg, den man gehen will, weitgehend von Hindernissen frei.

Das ist natürlich ein Effekt, den man erleben muß, um ihn glauben und einschätzen zu können. Dieses Vorgehen hat viele Namen: Magie, kreative Imagination, Energiearbeit und dergleichen mehr. Die in diesem Zusammenhang auftretenden Phänomene werden fast immer mithilfe der Lebenskraft beschrieben.

Gemeinschaft

Gemeinschaften bilden sich entweder durch die Geburt (Familie) oder durch die Wahl von Gefährten, die dasselbe Ziel anstreben. Innerhalb der Gruppe besteht ein Mindestmaß an Zusammenhalt und Anteilnahme – ohne sie kann eine Gruppe nicht weiterbestehen oder gar gedeihen.

Eine Gruppe strebt das gemeinsame Ziel an, wegen dem die einzelnen Mitglieder eben auch in dieser Gruppe sind. Dieses Handeln als Gruppe ist meistens wirkungsvoller als das Handeln eines Einzelnen, weil es zum einen einfach mehr Menschen sind, die gemeinsam etwas anstreben, und weil zum anderen in dieser Gruppe Menschen mit sehr unterschiedlichen Begabungen zusammenarbeiten.

Die größte Gruppe an Menschen, die es gibt, ist die Auffassung der Menschheit als „globales Dorf", in dem alle von allen anderen abhängen und folglich jeder schon aus purem Egoismus mit allen anderen zusammenarbeiten muß.

Erde

Gemeinschaften verändern sich und Veränderungen laufen in Zyklen ab. Es gibt also nicht „die eine Situation" und „das eine Bild", sondern Situationen und Bilder, die sich ständig weiterentwickeln: Eiszeiten und Warmzeiten, die Epoche der Saurier und die Epoche der Säugetiere, der Aufstieg und der Fall von Königreichen, das Entstehen und Auflösen von Beziehungen …

Das derzeit wichtigste Bild ist das Begreifen des Lebens auf der Erde als einer großen Familie, in der alle von allen anderen abhängen. Diese „alle" sind nicht nur die Menschen, sondern auch die Tiere und Pflanzen, das Klima und der Meeresspiegel, die Ozonschicht und die Gletscher. Man kommt der Struktur und der Dynamik, die die Oberfläche der Erde prägt, am nächsten, wenn man alles, was auf der Oberfläche der Erde geschieht, wie ein großes Lebewesen betrachtet: „Gaia".

Zusammenhänge

Für ein effektives Handeln ist jedoch nicht nur das bildhafte Erfassen und das bildhafte Beeinflussen von Situationen notwendig und förderlich – sie müssen auch mit jedem anderen der zwölf Prinzipien des effektiven Handelns in Bezug gesetzt werden. Erst dadurch erhält dieses bildhafte Erfassen (Intuition) und dieses bildhafte Wirken („Magie") seine effektive Größe, Struktur, Ausrichtung und Dynamik.

Die zwölf Aspekte, die bei dem bildhaften Erfassen und Wirken beachtet werden sollten, sind:

- Ohne die Gemeinschaft und ohne das bildhafte Erkennen und das bildhafte Bewirken fehlt ein wesentliches Element des effektiven Handelns. Dieser Aspekt der sinnvollen Vorgehensweise läßt das Erkennen klarer und intuitiver werden und er läßt das Bestreben auf zweifache Weise (gemeinsames Handeln und „magische" Imagination) wirksamer werden. Dieses bildhafte Vorgehen entspricht dem Krebs (4. Kapitel). Es ist die Grundlage und immer der erste Schritt dieses Handlungs-Stils.
Niemand ist eine Insel.

- Die Gemeinschaft braucht ein „Herz", also ein gemeinsames Ziel, wegen dem alle Mitglieder in dieser Gemeinschaft sind. Nur wenn solch ein „Herz" vorhanden ist, ziehen alle am selben Strang und gehen alle in dieselbe Richtung. Nur dann sind die Einzelnen in der Gemeinschaft erfolgreicher als einzeln. Wenn der Einzelne erkennt, daß die Gemeinschaft eine andere Qualität hat als er selber, sollte er in eine passendere Gemeinschaft wechseln. Dieses Erkennen oder Erschaffen des „Herzens" ist stets der notwendige zweite Schritt bei dieser sehr sensiblen Handlungsweise. Dieses „Herz" entsteht durch die Verbindung zum Löwen (5. Kapitel).
Jede Gemeinschaft braucht etwas in ihrer Mitte, das sie zusammenhält.

- Die Gemeinschaft benötigt neben dem bildhaften Erfassen und dem bildhaften Lenken der Situation auch noch ein Mindestmaß an handwerklichem Geschick, um klar zu erkennen, welche Handlung in einer Situation am förderlichsten ist. Ohne diese Fähigkeit stolpert man über den nächstbesten Maulwurfshügel und kann auch nicht die sich bietenden Gelegenheiten nutzen. Dieses handwerkliche Geschick integriert die Gemeinschaft in ihren Umraum. Diese Fähigkeit entsteht durch die Verbindung zur Jungfrau (6. Kapitel).
Keine Gemeinschaft ist vom Rest der Welt getrennt – daher ist es förderlich, die Welt zu verstehen.

- Die Gemeinschaft braucht weiterhin die Fähigkeit zur Kooperation – sowohl im Innen zwischen den verschiedenen Mitgliedern als auch im Außen in der Verbindung mit anderen Gruppen. Ohne diese Fähigkeit zur Kooperation kommt es zu einem hohen Maß an Energievergeudung. Diese Fähigkeit zur Kooperation schützt das Innere vor unnötiger Erschöpfung. Diese Kooperation entsteht durch die Verbindung zur Waage (7. Kapitel).

Das Innen braucht auch den Austausch mit dem Außen.

- Die Gemeinschaft wird nicht dauerhaft gleich bleiben – entweder, weil die Mitglieder wechseln, weil sich die Situationen verändern oder weil neue Ziele angestrebt werden. Jede Gemeinschaft braucht daher auch die Fähigkeit, sich zu verwandeln und aus dem Alten, das nicht mehr so ganz paßt, etwas Neues zu machen, das wieder für alle förderlich ist. Diese Verwandlungen erschaffen eine lenkende, entwicklungsfähige Mitte. Diese Veränderungsbereitschaft entsteht durch die Verbindung zum Skorpion (8. Kapitel).

Keine Gemeinschaft bleibt ewig, wie sie bisher war.

- Die Gemeinschaft wird erst dann zu einer Bereicherung, wenn alle – oder zumindest fast alle – dasselbe Ziel verfolgen. Dasselbe gilt auch für das bildhafte Erfassen einer Situation, das nur dann wirkungsvoll ist, wenn alle wissen, was sie sich eigentlich anschauen sollen. Und drittens ist solch ein klares Ziel auch notwendig, um das bildhafte Wirken durch die Imagination des Erreichens des angestrebten Zieles („Magie") wirklich wirksam werden zu lassen: Nur ein klares, eindeutiges Ziel, das man wirklich sehnsüchtig erreichen will, kann die „Lebenskraft" in Gang setzen und dadurch dann „den Zufall lenken". Diese Zielgerichtetheit schützt das System vor Irrwegen. Diese klare Ausrichtung entsteht durch die Verbindung zum Schützen (9. Kapitel).

Wissen wir, wohin wir wollen?

- Die Gemeinschaft braucht auch die Sachlichkeit, die Kenntnis der Naturgesetze und der Gesetze in dem Staat, in dem sich die Gemeinschaft befindet. Wenn diese Sachlichkeit nicht vorhanden ist, wird der Erfolg des eigenen Handelns gefährdet und es wird sehr unwahrscheinlich, daß der Erfolg dieser Gruppe und auch das Weiterbestehen der Gruppe selber von Dauer sein werden. Diese Sachlichkeit verhindert selbstschädigende falsche Vorstellungen. Sie entsteht durch die Verbindung zum Steinbock (10. Kapitel).

Die Wirklichkeit ist stärker als falsche Vorstellungen über sie.

- Die Gemeinschaft benötigt weiterhin einen Überblick und ein Gesamtkonzept, denn sonst werden die einzelnen Aktionen der Gemeinschaft im Widerspruch zueinander stehen und sich gegenseitig schwächen anstatt sich gegenseitig zu unterstützen und zu stärken. Dieses Gesamtkonzept ermöglicht die Weiterentwicklung. Dieser Gesamtblick entsteht durch die Verbindung zum Wassermann (11. Kapitel).

Die Gemeinschaft zu verstehen erleichtert es, die Gemeinschaft zu erhalten.

- Die Gemeinschaft braucht auch die Wahrnehmung des Ganzen, das Spüren der „Zeitströmungen", das Ahnen von dem, was als nächstes kommen wird. Nur durch diese Form der Intuition kann man Gefahren vermeiden und sein Schiff rechtzeitig in die richtige Richtung lenken. Dieses Ahnen und Spüren und diese schlafwandlerische Sicherheit beim Wandern durch einen Wald voller Hindernisse ermöglicht eine klare Ausrichtung. Dieses Gespür entsteht durch die Verbindung zu den Fischen (12. Kapitel).

  Förderlich ist es, Ahnungen ernst zu nehmen.

- Die Gemeinschaft kann auch nicht ohne Initiative auskommen. Sie muß auch mal anfangen etwas zu tun, sie muß auch mal etwas wagen. Nur so wird aus den inneren Bildern eine äußere Realität. Dieser Mut und diese Tatkraft erschaffen Sicherheit. Sie entstehen durch die Verbindung zum Widder (1. Kapitel).

  Auch wer sich im Innen am wohlsten fühlt, muß im Außen handeln können.

- Die Gemeinschaft gedeiht besser, wenn alle in ihr – oder zumindest die meisten – erkennen können, welche Menschen, Dinge und Situationen für die Gemeinschaft förderlich sind und welche schädlich sind. Durch diese Fähigkeit wird die Gemeinschaft geschützt und am Leben erhalten. Dieses Gespür für das, was gut tut, und für das, was übel ist, hilft Teil einer „Bewegung" zu werden – zu einem Teil der zu einem selber passenden „Bewegung". Dieses Achten auf das Gedeihen entsteht durch die Verbindung zum Stier (2. Kapitel).

  Eine gemeinsame Hülle schützt die, die beisammen sein wollen.

- Die Gemeinschaft braucht als letztes auch noch Beweglichkeit, Neugier und Informationen. Diese sind nötig, um das Bild, das die Gruppe von sich selber hat, und auch das Bild, das sie von der Welt hat, immer weiter zu entwickeln, deutlicher zu machen und realitätsnäher werden zu lassen. Dann kann die Gruppe erkennen, was sie am sinnvollsten als nächstes tun sollte – oder vielleicht auch lieber lassen sollte. Diese Informiertheit erschafft einen Rückhalt in der Welt. Dieses stets aktuelle Wissen entsteht durch die Verbindung zum Zwilling (3. Kapitel).

  Förderlich ist Wissen über die anderen im Innen – und auch über das, was draußen ist.

Zusammenfassung

Eine Gruppe erlebt sich in erster Linie gefühlsmäßig als ein „Wir", in dem man gegen das „nicht-Wir" geschützt ist. Die Bilder, mit denen eine Gruppe eine Situation erfassen kann, sind ein intuitiver Zugang zu der vorliegenden Situation. Die Bilder, die die Gruppe gemeinsam erschafft, lenken die Lebenskraft und führen somit zu sinnvollen, förderlichen „Zufällen".

Dies ist der erste der drei Stile, die auf das bildhafte Veranschaulichen ausgerichtet sind (astrologische Wasserzeichen).

5. Teamleiter

♌

Der Egoismus ist die fünfte Grundlage, auf der ein effektives Handeln beruht. Mit „Egoismus" ist hier ein etwas komplexeres Konzept als meistens gemeint: Selbsterkenntnis, Selbstliebe, Selbstvertrauen und Selbsttreue.

Das bezieht sich auch nicht nur auf einen Einzelnen, sondern auf jedes Lebewesen, jede Gruppe und jede Art von Organisation: Es ist notwendig, daß es eine lenkende Mitte gibt, die Überblick und Weitblick hat und die das Ganze organisiert. Das kann ein „Teamleader" sein, ein „Kapitän", ein Unternehmer und noch vieles andere mehr.

Alle Teile des Ganzen müssen klaren Werten folgen und das Wesentliche erkennen können – dann können sie auch schnelle und gute Entscheidungen treffen. Diese Mitte organisiert das Ganze.

Individuum

Auch für den Einzelnen ist die Selbsterkenntnis wichtig, um ein erfülltes Leben führen zu können. Die beiden Inschriften am Eingang des altgriechischen Orakels von Delphi sind dabei ein guter Leitfaden: „Erkenne Dich selbst." und „Nichts im Übermaß."

Man sollte sich an das Wesentliche halten und Verlockungen zurückweisen – sofern sie nicht als „Nachtisch" auf dem eigenen Weg liegen. Nur so kann man dem eigenen Weg treu bleiben – wie auch immer der aussehen mag.

Was ist das Wesentliche? … Ich habe schließlich nur dieses eine Leben …

Gemeinschaft

Auch ein Unternehmen und jegliche Art von Gemeinschaft braucht einen klares Ziel, einen Kerngedanken, ein Motto („corporate identity"), auf das sich alle jederzeit beziehen können und das alle Abläufe in der Gemeinschaft bestimmt. Nur wenn es solch einen allen bewußten Grundimpuls gibt, also eine klare Richtung, können sich auch alle gegenseitig durch ihr Tun unterstützen.

Man sollte sich nicht über die anderen stellen, auch wenn man weisungsbefugt ist. Man steht mit allen auf derselben Höhe, auch wenn man andere Befugnisse hat und andere Entscheidungen trifft. Man sollte die Initiative und die Sachkenntnis der anderen nutzen und fördern und auch die Leistungen der anderen sehen und anerkennen – auch die des Wächters des Parkhauses. Weiterhin sollte man auch nur die Entscheidungen treffen, bei denen man sachkundig ist.

Als letztes sollte stets angestrebt werden, daß in dem Ganzen möglichst viele ganz konkret tätig sind und möglichst wenige damit beschäftigt sind, die Tätigkeiten der anderen zu organisieren („slim management").

Erde

Der Kerngedanke bezüglich der Erde oder genauer gesagt bezüglich der Menschheit auf der Erde ist zunächst einmal das Überleben der Menschheit und als zweites das lebenswerte Überleben der Menschheit und als drittes dann auch noch das Vermeiden von allzu großen Unterschieden in der Lebensqualität der Menschen auf der Erde.

Das Überleben ist derzeit „nur" durch die Atombomben gefährdet. Das lebenswerte Überleben gefährden wir derzeit allerdings vor allem durch den Klimawandel, das Artensterben, die Überbevölkerung und die hemmungslose Weiterentwicklung der Künstlichen Intelligenz.

Es gibt viel, wo wir kollektiv effektiver handeln könnten als wir es derzeit tun …

Zusammenhänge

Für ein effektives Handeln ist jedoch nicht nur diese lebendige Mitte selber, die das Ganze lenkt, von zentraler Wichtigkeit – sie muß mit jedem anderen der zwölf Prinzipien des effektiven Handelns in Bezug gesetzt werden. Erst dadurch erhält diese lebendige Mitte ihre effektive Größe, Struktur, Ausrichtung und Dynamik.

Die zwölf Aspekte, die bei dem Handeln aus der Mitte heraus beachtet werden sollten, sind:

- Ohne das „Herz" kann das Ganze nicht funktionieren, weil das „Herz" das Ganze organisiert und lenkt und dadurch die einzelnen Aktionen zu einer sinnvollen und wirksamen Gesamthandlung koordiniert. Dieses „Herz" entspricht dem Löwen (5. Kapitel). Es ist die Grundlage und immer der erste Schritt dieses Handlungs-Stils.

  Handle stets aus Deiner Mitte heraus.

- Das „Herz" alleine ist jedoch nicht lebensfähig. Es wird auch die sachkundige Umsetzung der „Herz-Impulse" benötigt, bei der alle Details berücksichtigt werden. Wenn diese Qualität fehlt, kommt es zu Verschwendung von Arbeit, Energie, Geld und Zeit. Das Erwerben dieser Sachkundigkeit ist stets der not-

29

wendige zweite Schritt bei dieser egozentrischen Handlungsweise. Das Erlernen dieses notwendigen und förderlichen Wissens entsteht durch die Verbindung zur Jungfrau (6. Kapitel).

Du kannst nur das effektiv tun, was Du zuvor verstanden hast.

- Das „Herz" braucht auch die Kooperation mit anderen Lebewesen und Organisationen. Es ist so gut wie niemals das Effektivste, wenn man alles alleine macht und wenn man sich nicht gegenseitig unterstützt. Diese Kooperation integriert den Einzelnen in seinen Umraum. Sie entsteht durch die Verbindung zur Waage (7. Kapitel).

Es gibt nur Weniges, was man nicht auf irgendeine Weise mit einem anderen tut.

- Das „Herz" benötigt auch die gelegentlichen Verwandlungen, wenn die bisherige Form nicht sinnvoll und effektiv ist. Das bedeutet nicht, daß man sich selber untreu wird, sondern nur, daß man eine neue Form für das Anstreben derselben Grundqualitäten braucht – eine Metamorphose. Diese Verwandlungen schützen das Innere. Sie entstehen durch die Verbindung zum Skorpion (8. Kapitel).

Die Raupe wird zum Schmetterling, aber bleibt doch dasselbe Wesen und ist sich in der Verwandlung vollkommen treu.

- Das „Herz" braucht weiterhin nicht nur die Selbsterkenntnis allgemein, sondern auch speziell das Auswählen des Aspektes des eigenen Wesens, den man als nächstes bevorzugt umsetzen will – also ein Ziel. Ohne Ziel gibt es keine klare Richtung, in der man seine Kräfte bündelt – und folglich auch kein Erreichen von Zielen und keinen erfüllenden Selbstausdruck. Diese Ziele erschaffen eine lenkende und ihr Leben lebende Mitte. Diese klare Ausrichtung entsteht durch die Verbindung zum Schützen (9. Kapitel).

Ohne Ziel geschieht nichts.

- Das „Herz" ist auch auf Sachlichkeit angewiesen. Man muß, wenn man etwas will, schauen, welche Qualitäten und Gesetzmäßigkeiten das hat, mit dem man etwas machen will oder das man dem eigenen Willen gemäß prägen will. Ohne diese Kenntnis und diese Berücksichtigung der festen Fundamente und der unabänderbaren oder der nur mit extremem Aufwand veränderbaren Regeln wird man mit dem Selbstausdruck nicht weit kommen. Diese Sachlichkeit schützt das System. Sie entsteht durch die Verbindung zum Steinbock (10. Kapitel).

Auch Du selber bist ein Teil der Welt und aus ihren Gesetzen heraus entstanden.

- Das „Herz" benötigt weiterhin ein Verständnis des Ganzen, also eine theoretische Grundlage, die es ermöglichst, die Wirkungen der eigenen möglichen Handlungen zutreffend vorhersagen zu können. Weiterhin wird auch eine Utopie gebraucht, also das große, ferne Gesamtziel, dem die ganzen kleinen Ziele, also die einzelnen Schritte, untergeordnet sind. Dieses Theorie-Fundament verhindert die Einseitigkeit und die Isolation in vermeintlicher Einzigartigkeit. Dieses umfassende Wissen entsteht durch die Verbindung zum Wassermann (11. Kapitel).

  Das Individuum ist ein Sonderfall des Allgemeingültigen – und das Allgemeingültige ist das Gemeinsame der Individuen.

- Das „Herz" kann auch dadurch gefördert werden, daß man eine Aufmerksamkeit für Stimmungen, Tendenzen, Trends und allgemeine Umschwünge entwickelt, die einen dazu befähigt, Entwicklungen vorherzusehen und sich rechtzeitig auf diese Veränderungen einzustellen. Dieses Gespür ermöglichen die Weiterentwicklung und eine Individualität als Teil des Ganzen. Dieses Ahnen und Vorhersehen entsteht durch die Verbindung zu den Fischen (12. Kapitel).

  Du atmest ein und atmest aus; Du trinkst und pinkelst, Du ißt und scheißt – die „Nicht-Ich"-Welt wird ständig Teil von Dir, und Du wirst ständig wieder Teil der „Nicht-Ich"-Welt: Du bist die Welt, die Welt ist Du.

- Das „Herz" braucht natürlich auch den Mut zur Tat. Nur zu wollen führt nirgendwo hin – man muß auch beginnen, handeln, etwas tun. Diese Tatkraft ermöglicht eine klare Ausrichtung. Sie entsteht durch die Verbindung zum Widder (1. Kapitel).

  Völlige Selbstgewißheit kennt keine Furcht, die vor dem eigenen Weg zurückschreckt.

- Das „Herz" muß weiterhin das, was es erreicht hat, schützen und bewahren können – es hat wenig Sinn, Wasser vom Brunnen zu holen und es dann in ein Sieb zu gießen. Weiterhin wird ein klares Gespür dafür gebraucht, was für einen selber förderlich und was hinderlich ist. Dieser Sinn für das Bekömmliche erschafft Sicherheit und Gedeihen. Diese Unterscheidungsfähigkeit zwischen „angenehm" und „unangenehm" entsteht durch die Verbindung zum Stier (2. Kapitel).

  Selbsterkenntnis vermeidet, daß man Schädliches aufnimmt.

- Das „Herz" sollte sich auch eine ausreichend große Beweglichkeit bewahren oder erwerben, um sich alle notwendigen Informationen beschaffen zu können,

31

neue Möglichkeiten zu entdecken und auch das Unverhoffte nutzen zu können. Diese Beweglichkeit hilft Teil einer „Bewegung" von Gleichgesinnten zu werden. Sie entsteht durch die Verbindung zum Zwilling (3. Kapitel).

Gleiches zieht Gleiches an – und bereichert einander.

- Das „Herz" braucht schließlich auch noch das wache, anteilnehmende Gespür sowohl für sich selber und sein eigenes Innenleben als auch für das Wesen und die Absichten der anderen, mit denen man zu tun hat. Nur auf diese Weise können die eigenen Ziele wirklich ganz in der eigenen inneren Tiefe verwurzelt sein und nur auf diese Weise kann man die anderen, mit denen man sich möglicherweise zu einer Gruppe zusammentut, richtig einschätzen. Diese Wachheit für das Innere erschafft einen Rückhalt in der Welt. Diese meist vor allem bildhafte Wahrnehmung entsteht durch die Verbindung zum Krebs (4. Kapitel).

Jeder hat ein Innen und ein Außen, die beiden Wärme und Geborgenheit brauchen.

Zusammenfassung

Die hier „Herz" genannte Mitte, die das Gesamtsystem organisiert, ist ein wesentliches Element in jedem Lebewesen und auch in jeder Gruppe. Es bestimmt die Grundwerte, den Rhythmus des Handelns und es hält die Identität intakt.

Dies ist der zweite der drei Stile, die auf das mutige Tun ausgerichtet sind (astrologische Feuerzeichen).

Während der in Kapitel 1 beschriebene Stil (Widder) etwas neu erschafft, ordnet der hier in Kapitel 5 beschriebene Stil (Löwe) die Dinge um eine Mitte herum an und läßt sie zu einem organischen Ganzen zusammenwachsen.

6. Problemlöser

♍

Die handwerkliche Sachkenntnis ist die sechste Grundlage, auf der ein effektives Handeln beruht. Dieses Wissen und diese Erfahrung ermöglichen eine zeitliche, finanzielle, personelle usw. Planung, die anschließend auch funktioniert. Dazu ist eine detaillierte Übersicht über die Strukturen und Dynamiken in dem betreffenden Bereich notwendig – also die Kenntnis der Ordnung, mit der man zu tun hat.

Dazu muß das System einheitlich, sinnvoll und übersichtlich geordnet werden – sonst findet man nicht das, was man braucht, und man könnte auch wesentliche Dinge übersehen. Es wäre sonst auch schwierig, die Grenzen des Systems klar zu erkennen.

Generell ermöglicht die gründliche Sachkenntnis, ein System zu nutzen statt ihm ausgeliefert zu sein.

Individuum

Der Handwerker und Problemlöser darf in keiner Gemeinschaft fehlen – früher oder später wird er gebraucht. Er kennt seinen Sachbereich in allen Details und weiß, wie man was wieder in Bewegung oder auch zum Halten und Rückgängigmachen bringen kann. Das effektive Handeln findet hier zwar im Kleinen statt, aber diese kleinen effektiven Handlungen können trotzdem große Auswirkungen haben.

Er kennt seine eigenen Grenzen und sieht, was er noch von anderen zu dem, was er selber machen kann, als Ergänzung braucht. Ihm ist die Wichtigkeit der Weiterbildung und des Schaffens von erweiterten Grundlagen sehr genau bewußt und möglicherweise verfaßt er auch einmal einen Management-Ratgeber.

Gemeinschaft

In der Gemeinschaft sorgt er für eine sinnvolle Aufgabenteilung, für detaillierte Zeitpläne und für nützliche Listen, Tabellen und Übersichten aller Art. Jeder hat seine klare Aufgabe und das Ganze wirkt zusammen wie ein großes Uhrwerk.

Erde

In Bezug auf die Erde führt diese Handwerker-Fähigkeit zu Sachkenntnis und zum Verstehen aller Arten von Zusammenhängen, Rückkopplungen, Fließgleichgewichten,

Kipppunkten, Verstärkungsmechanismen, gegenseitigen Abhängigkeiten, Krisenpotentialen, Grenzwerten, Landzeitwirkungen und noch vieles mehr in dieser Art. Dort, wo ein systematischer Überblick und genaue Detailkenntnisse gebraucht werden oder wo ein Schaden repariert werden muß, ist die Sachkenntnis des Handwerkers unentbehrlich. Er entfernt das Sandkorn aus dem Getriebe und kennt den Ort in dem Uhrwerk, das jetzt gerade einen Tropfen Öl braucht.

Zusammenhänge

Für ein effektives Handeln ist jedoch nicht nur diese handwerkliche Sachkenntnis selber von zentraler Wichtigkeit – sie muß mit jedem anderen der zwölf Prinzipien des effektiven Handelns in Bezug gesetzt werden. Erst dadurch erhält der Gründungsimpuls seine effektive Größe, Struktur, Ausrichtung und Dynamik.

Die zwölf Aspekte, die bei dem Ordnung-schaffenden Handeln beachtet werden sollten, sind:

-   Ohne die Ordnung und die handwerkliche Sachkenntnis ist kaum etwas zur eigenen Zufriedenheit durchführbar, weil man ständig durch vermeidbare Irrtümer und Fehler behindert wird. Diese Sachkenntnis entspricht der Jungfrau (6. Kapitel). Sie ist die Grundlage und immer der erste Schritt dieses Handlungs-Stils.
    Der Teufel steckt im Detail.

-   Die Ordnung und die handwerkliche Sachkenntnis sollten durch Kooperation ergänzt werden, damit jeder an der Stelle, zu der seine Kenntnisse und Fähigkeiten passen, tätig sein kann. Für den Einsatz der Sachkenntnis sind auch Absprachen untereinander notwendig. Diese Kooperation ist stets der notwendige zweite Schritt bei dieser Detail-bezogenen Handlungsweise. Sie entsteht durch die Verbindung zur Waage (7. Kapitel).
    Man Muß die Details im Gesamtzusammenhang sehen, um sie ganz verstehen zu können.

-   Die Ordnung und die handwerkliche Sachkenntnis werden deutlich effektiver, wenn sie sich nicht einfach mit dem nächstliegenden Problem beschäftigen, sondern erkennen können, was wie wichtig ist. Der Handwerker braucht eine Prioritätenliste, die ihn dazu anleitet, die Dinge in der richtigen Reihenfolge durchzuführen. Dieses Erkennen der Wichtigkeiten integriert das Detail in den Umraum, d.h. es sieht das Detail vor dem Hintergrund der Prioritätenliste. Diese Fähigkeit entsteht durch die Verbindung zum Skorpion (8. Kapitel).
    Dringlichkeit klärt die Fülle an Kleinkram.

34

- Die Ordnung und die handwerkliche Sachkenntnis brauchen auch eine Zielgerichtetheit. Auch wenn nicht klar ist, wohin die Reise eigentlich gehen soll, findet man ja immer viel, was man in Ordnung bringen kann, aber das sind dann nicht unbedingt die Dinge, die auch tatsächlich nützlich sind. Diese Zielgerichtetheit schützt das Innere z.B. vor Erschöpfung. Sie entsteht durch die Verbindung zum Schützen (9. Kapitel).

Die Teile passen nur zusammen, wenn man weiß, zu was sie werden sollen.

- Die Ordnung und die handwerkliche Sachkenntnis benötigt auch noch die Kenntnis der naturgesetzlichen, gesetzlichen und konstruktionsbedingten Grundlagen, damit das, was erschaffen wird, auch auf einem soliden Fundament errichtet wird und Bestand haben kann. Diese Beständigkeit der Handwerks-Ergebnisse benötigt und erschafft eine lenkende Mitte. Diese Beständigkeit entsteht durch die Verbindung zum Steinbock (10. Kapitel).

Sachlichkeit fördert Sachkenntnis.

- Die Ordnung und die handwerkliche Sachkenntnis sollten weiterhin auch mit einer tragfähigen theoretischen Grundlage kombiniert werden, damit man erkennt, an welcher Stelle in dem Ganzen man gerade arbeitet, und damit man erkennt, was von dem, was man entscheidet und tut, vielleicht auch noch für andere von Bedeutung sein könnte. Dieser theoretische Überblick schützt das System vor Fehleinschätzungen und den daraus resultierenden Pannen. Er entsteht durch die Verbindung zum Wassermann (11. Kapitel).

Theorie ist ausgesprochen praktisch.

- Die Ordnung und die handwerkliche Sachkenntnis brauchen auch noch das Gespür dafür, ob sich etwas richtig oder irgendwie komisch anfühlt, denn viele Fehler oder Fehlkonstruktionen erkennt man nicht als erstes mit dem Verstand, sondern mit dem diffusen Eindruck, „daß da irgendwas nicht stimmt". Dieses Gespür verhindert die schädliche Einseitigkeit des Blickes, der nur das Einzelne sieht. Dieses Gespür entsteht durch die Verbindung zu den Fischen (12. Kapitel).

Benutze Fernrohr und Mikroskop – dann erst siehst Du die ganze Welt.

- Die Ordnung und die handwerkliche Sachkenntnis benötigen auch die Tatkraft und gelegentlich auch den Mut zum Wagnis, dessen Risiken natürlich vorher genau eingeschätzt werden sollten. Wenn dieser Mut zur Tat fehlt, wird trotz aller Sachkenntnis niemals etwas wirklich in Gang kommen. Diese mutige Tatkraft ermöglicht die Weiterentwicklung. Sie entsteht durch die Verbindung zum Widder (1. Kapitel).

Sei vorsichtig, aber nicht zaghaft.

- Die Ordnung und die handwerkliche Sachkenntnis brauchen auch das Bewahren des Erschaffenen, damit man es nicht gleich wieder verliert bzw. damit die Ordnung nicht gleich wieder verlorengeht. Dieses Bewahren und Schützen ermöglicht eine klare Ausrichtung. Sie entstehen durch die Verbindung zum Stier (2. Kapitel).

Das Handwerk sollte Nützliches erschaffen.

- Die Ordnung und die handwerkliche Sachkenntnis kann weiterhin durch eine Fülle an Informationen gefördert werden – wobei diese Informationen alle etwas mit der vorliegenden Arbeit zu tun haben sollten oder sich zumindest auf das Umfeld dieser Arbeit beziehen sollten. Dadurch können Erleichterungen gefunden, unnötige Arbeiten vermieden und evtl. auch mögliche Fehler und unangenehme Spätfolgen rechtzeitig bemerkt werden. Dieser Informationsfluß erschafft Sicherheit. Er entsteht durch die Verbindung zum Zwilling (3. Kapitel).

Manches wird einfacher, wenn man gut informiert ist.

- Die Ordnung und die handwerkliche Sachkenntnis sollten auch Teil eines Gesamtbildes werden, damit man erkennt, wo in dem Ganzen man gerade tätig ist und was das für das Ganze bedeutet. Durch dieses Einordnen in ein Bild kann man auch schneller erkennen, wem man vielleicht etwas mitteilen sollte oder wen man um Unterstützung bitten könnte. Dieses Bild hilft Teil einer „Bewegung" zu werden, in der alle dieselbe förderliche Ordnung anstreben. Es entsteht durch die Verbindung zum Krebs (4. Kapitel).

Das Gesamtbild lenkt die Einzelhandlung.

- Die Ordnung und die handwerkliche Sachkenntnis brauchen schließlich auch ein „Herz", also eine Mitte, von der aus die gesamten Einzeltätigkeiten gelenkt und aufeinander abgestimmt werden, sodaß sie sich gegenseitig ergänzen und fördern. Dieses „Herz" erschafft einen Rückhalt in der Welt. Es entsteht durch die Verbindung zum Löwen (5. Kapitel).

Man sollte wissen, was man will, wenn man den Hammer in die Hand nimmt.

Zusammenfassung

Die handwerkliche Sachkenntnis, die die Ordnung und allgemein den „richtigen Zustand" herstellen oder wiederherstellen kann, ist ein wesentlicher Aspekt fast jeder Arbeit. Ohne diese handwerkliche Sachkenntnis kann kaum eine Arbeit wirklich auf gutem Niveau durchgeführt werden.

Dies ist der zweite der drei Stile, die auf das sachliche Begreifen und Argumentieren ausgerichtet sind (astrologische Erdzeichen).

Während der in Kapitel 2 beschriebene Stil (Stier) etwas genußvoll ausgestaltet, kümmert sich der hier in Kapitel 6 beschriebene Stil (Jungfrau) sich um die ganzen kleinen Details.

7. Vermittler

♎︎

Die Schönheit ist die siebte Grundlage, auf der ein effektives Handeln beruht. Mit „Schönheit" ist hier eine breite Palette von Strukturen, Dynamiken, Fähigkeiten, Vorgehensweisen und dergleichen mehr gemeint.

Das beginnt mit der Harmonie im eigenen Bereich. Dafür braucht man ein klares Ziel und ein insgesamt schlüssiges Vorgehen. Das bedeutet, daß im Innen alle einander wahrnehmen, daß alle wissen, wen man wobei um Hilfe bitten kann, und daß jeder weiß, an welcher Stelle des Ganzen man steht und welche Aufgabe man dort hat.

Das nächste ist die Harmonie mit dem Bereich ringsum. Dabei geht es um die Wahrnehmung dessen, was die anderen tun. Tun sie etwas Ähnliches? Könnte man sich zusammentun und sich so die Arbeit erleichtern? Tun sie etwas, was dem, was man selber vorhat, im Weg steht? Könnte man sich da vielleicht absprechen und den Konflikt auflösen? Ist vielleicht sogar eine weitergehende Kooperation möglich?

Das dritte ist der Blick auf das Ganze. Ein lebendiges Ganzes ist stets „aus einem Guß" entstanden, was bedeutet, daß alle Teile dieses Ganzen von dem Gründungsimpuls geprägt sind. Dadurch stehen alle Teile in Analogie miteinander und haben daher eine Selbstähnlichkeit. Dieses Prinzip ist vor allem aus der Fraktal-Geometrie und aus der alternativen Medizin sowie aus Magie und Spiritualität bekannt. In Fraktalen wiederholen sich Formen, die im Großen auftreten, anschließend auch im Kleinen. Die alternative Medizin benutzt die Fußreflexzonen, die Iris-Diagnose, die Ohr-Diagnose, die Puls-Diagnose, die Handlinien und das Horoskop, um den Gesamtzustand des Körpers zu erkennen – wobei alle diese Methoden stets dieselbe Diagnose liefern. In der Magie und der Spiritualität werden verschiedene Omen- und Orakel-Systeme wie die Astrologie, das Tarot, das I Ging und ähnliches verwendet – meistens um die aktuelle Zeitqualität oder um den Zustand einer Person zu erkennen.

Eine solches „lebendiges, durch Selbstähnlichkeit geprägtes System" kann auch durch den Menschen erschaffen werden. So überzeugt z.B. ein Kunstwerk dann, wenn alle seine Teile dieselbe Grundprägung haben, also in Analogie zueinander stehen und daher selbstähnlich sind. Das ist natürlich nicht nur bei Kunstwerken möglich, sondern auch bei der Gründung eines Unternehmens oder einer Organisation, bei dem Entwurf für ein neues Auto oder bei dem Zusammenstellen eines fünf-Gänge-Menüs. Dabei geht es nicht nur um innere Widerspruchsfreiheit, sondern um die Gestaltung des Ganzen aus einem einheitlichen Impuls heraus.

Individuum

Für einen einzelnen Menschen bedeutet dieses Prinzip, daß er alle seine Teile heilt, sodaß sie wieder ihren ursprünglichen „Klang", „Duft" und „Farbe" haben und daher ein harmonisches Ganzes bilden, in dem alle Teile zusammen schwingen. Dieses gemeinsame Schwingen ist auch der Ansatz der Frequenzmedizin.

Nach außen hin besteht diese Fähigkeit bei einem Menschen darin, daß der Betreffende zuhören und Gespräche leiten kann. Er sollte auch nicht nur jedem die Gelegenheit zum Sprechen geben, sondern auch aktiv zuhören können, d.h. Fragen stellen, die es seinem Gegenüber erleichtern, seine Meinung entspannt und klar darzulegen.

Aufgrund dieser Bewußtheit und inneren Klarheit und Harmonie ist es einem solchen Menschen auch möglich, improvisierte Reden zu halten. Solch ein „Kommunikator" ist in aller Regel auch jemand mit einer großen Kooperationsfähigkeit, wodurch er auch die Aufgaben des Vermittlers, des Diplomaten und des Streitschlichters übernehmen kann.

Ein Kommunikator ist jemand, der etwas dadurch erreicht und erschafft, daß er das bereits Vorhandene zusammenfügt und daraus etwas Größeres macht als es zuvor die Summe dieser Teile gewesen sind. Er bringt „joint ventures" in Gang, führt zu Vereinigungen und Zusammenschlüssen und zu vielen Arten von Kooperation.

Gemeinschaft

Offensichtlich braucht eine Gemeinschaft, um effektiv funktionieren zu können, solche Menschen, da sie die Einzelnen überhaupt erst zu einer Gemeinschaft zusammenfügen. Sie sind auch diejenigen, die Mißverständnisse klären, bei Zwistigkeiten vermitteln, Kooperations-Potentiale deutlich machen und die immer ein offenes Ohr für alle anderen haben.

Erde

Auch auf der Erde als Ganzes wird diese Fähigkeit dringend gebraucht, denn wie sollten wir sonst die Klimaerwärmung aufhalten können, das Artensterben beenden, das Abholzen der Wälder stoppen und vor allem endlich die Kriege beenden können? Auch das Verhungern von täglich 24.000 Menschen wird kaum ohne eine globale Kooperation gestoppt werden können.

Allerdings ist derzeit das Konkurrenz-Prinzip wieder einmal sehr deutlich auf dem Vormarsch und behindert massiv die Kooperation. Wenn sich Menschen bedroht fühlen, neigen sie zum Egoismus, um erst einmal sich selber zu retten. Doch die derzeitigen Probleme lassen sich nicht durch den kurzsichtigen Egoismus und durch das Konkurrenzdenken lösen, durch sie schließlich überhaupt erst entstanden sind.

Wir brauchen jetzt weitsichtiges Handeln statt kurzsichtiges Handeln, da die Probleme sonst nur noch größer werden. Der Egoismus kann das Erwünschte nur erreichen, wenn er aufhört, kurzsichtig-egoistisch zu sein, und stattdessen weitsichtig-egoistisch wird und daher mit allen anderen zusammenarbeitet.

Wir brauchen Frieden statt Krieg, weil wir sonst die Menschenleben, die ganze Arbeit, das Geld und die Zeit, die für den Schutz der ganzen Erde gebraucht werden, in Kriegen sinnlos zerstören.

Wir sollten die Hand ausstrecken statt mit dem Ellenbogen zustoßen, da wir, um die globalen Probleme, die uns schließlich alle betreffen, nur bewältigen können, wenn wir alle an einem Strang ziehen.

Wir brauchen die weitsichtig-altruistische Einsicht, daß „wir alle in einem Boot sitzen" statt der kurzsichtig-egoistischen Haltung „Ich zuerst!", da keiner alleine die Klimaerwärmung oder die Kriege beenden kann. Und niemand will schließlich auf einem überschwemmten Planeten, dessen Länder durch Kriege zerstört worden sind, leben.

Wir brauchen Kooperation statt Konkurrenz. Doch das wird nur möglich sein, wenn genügend Menschen einsehen, daß wir die globalen Probleme, die immer dringender werden, auch nur global lösen können.

Zusammenhänge

Für ein effektives Handeln ist jedoch nicht nur die Kooperation selber von zentraler Wichtigkeit – sie muß mit jedem anderen der zwölf Prinzipien des effektiven Handelns in Bezug gesetzt werden. Erst dadurch erhält die Kooperation ihre effektive Größe, Struktur, Ausrichtung und Dynamik.

Die zwölf Aspekte, die bei der Kooperation beachtet werden sollten, sind:

-   Ohne die Kooperation gibt es keine Bündelung der Fähigkeiten und Kräfte und somit auch kein gemeinsames und effektives Handeln. Diese Kooperation entspricht der Waage (7. Kapitel). Sie ist die Grundlage und immer der erste Schritt dieses Handlungs-Stils.

    Gemeinsam ist alles leichter.

-   Die Kooperation benötigt jedoch auch einen oder mehrere krisenfeste Manager, die das Wesentliche erkennen können, auf das alles ausgerichtet werden sollte, und die auch klar sehen, wie Probleme gelöst werden können. Dieses effektive Management ist stets der notwendige zweite Schritt bei dieser nach Harmonie strebenden Handlungsweise. Dieses vor Krisen-Schäden schützende Management entsteht durch die Verbindung zum Skorpion (8. Kapitel).

Die Friedfertigkeit sollte nicht den Selbstschutz verhindern.

- Die Kooperation braucht auch die Orientierung an einem klaren Ziel, wenn sie nicht zu einem gemütlichen Kaffeekränzchen werden soll. Leider besteht an solchen Zielen ja fast niemals Mangel. Es muß daher auch das wesentliche Ziel erkannt werden, d.h. es muß eine Prioritätenliste erstellt werden. Diese klare Zielorientierung integriert das Zusammenwirken in den Umraum des angestrebten Ideals. Sie entsteht durch die Verbindung zum Schützen (9. Kapitel).

Klare Ziele erleichtern die Wahl der Kontakte.

- Die Kooperation ist auch auf eine solide Sachkenntnis angewiesen, also auf das Wissen um die Naturgesetze, die Konstruktionsmöglichkeiten, die Gesetze des Staates, die Kontakte zu den jeweiligen Autoritäten und Koryphäen und dergleichen mehr. Dieses Wissen um das Fundament und um die Rahmenbedingungen schützt das Innere. Dieses Wissen entsteht durch die Verbindung zum Steinbock (10. Kapitel).

Sachlichkeit schützt bei Kontaktfreudigkeit.

- Die Kooperation wird wesentlich gefördert, wenn sie sich mit den Theoretikern, die das gesamte System kennen, zusammentut. Die Kooperation benötigt auch die Kenntnis der Utopie, die alle oder wenigsten die meisten überzeugt, also die Kenntnis des Gesamtzustandes, der am Ende schließlich erreicht werden soll. Diese Kenntnis von Theorie und Utopie erschafft eine lenkende Mitte. Dieses Wissen entsteht durch die Verbindung zum Wassermann (11. Kapitel).

Begegnungen sind am bereicherndsten, wenn sie zu einer Gemeinschaft von Gleichgesinnten führen.

- Die Kooperation braucht schließlich auch noch die Fähigkeit, bei aller Planung, Kooperation und Koordination auch die jeweilige Lage – die sich ja ständig verändert – zu erkennen und zu nutzen und das Vorgehen entsprechend den aktuellen Strömungen und Vorkommnissen anzupassen. Diese Fähigkeit, den augenblicklichen Stand der Dinge zu nutzen, schützt das System. Diese Fähigkeit entsteht durch die Verbindung zu den Fischen (12. Kapitel).

Kontaktbereitschaft erfordert ein feines Gespür für die, die einem begegnen.

- Die Kooperation geht auf die anderen zu, aber es wird natürlich auch der Mut zur eigenen Tat, die neue Tatsachen schafft, benötigt. Man muß ab und zu auch mal einen Schritt tun, der vielleicht nicht mit allen abgesprochen worden ist, aber der sinnvoll und notwendig ist. Diese Tatkraft verhindert die Einseitigkeit der bloßen Du-Orientierung. Dieser Mut zur Handlung entsteht durch die Verbindung zum Widder (1. Kapitel).

  Anderen zuhören und selber sprechen.

- Die Kooperation kann auch einen „Hausmeister" und einen „Lagerverwalter" gut gebrauchen, um die erreichten Dinge zu bewahren, zu schützen, zu nutzen und zu genießen. Dieses Bewahren ermöglicht die Weiterentwicklung. Es entsteht durch die Verbindung zum Stier (2. Kapitel).

  Prüfe, was Dir gut bekömmlich ist.

- Die Kooperation benötigt auch die gut informierte Findigkeit des Kundschafters, damit man alle Möglichkeiten, die das Vorgehen insgesamt vereinfachen würden, erkennen und auch nutzen kann. Diese Informiertheit ermöglicht eine klare Ausrichtung auf die beste Möglichkeit. Diese Informiertheit entsteht durch die Verbindung zum Zwilling (3. Kapitel).

  Viel sehen ermöglicht eine gute Wahl.

- Die Kooperation sollte auch in der Lage sein, Situationen und Zustände sowohl in der Gemeinschaft als auch im Außen bildhaft und daher anschaulich darzustellen. Weiterhin sollte sie ebenfalls in der Lage sein, auch das bildhafte Erschaffen („Magie") zur Förderung des Projektes einzusetzen. Dieser bildhafte Ansatz erschafft Sicherheit. Er entsteht durch die Verbindung zum Krebs (4. Kapitel).

  Prüfe, wen Du in Deine Familie läßt.

- Die Kooperation braucht auch einen Kerngedanken, einen Schöpfungsimpuls, eine Identität, um sich selber effektiv organisieren zu können und auch um überzeugend nach außen hin auftreten zu können. Dieses „strahlende Herz" hilft Teil einer „Bewegung" zu werden. Es entsteht durch die Verbindung zum Löwen (5. Kapitel).

  Wer weiß, was er will, hat es leicht, zu anderen „Ja" und „Nein" zu sagen.

- Die Kooperation benötigt schließlich noch die handwerklich geschickte Umsetzung und dafür eine ausreichend genaue Detailkenntnis aller Menschen und

Dinge, die für das vorliegende Projekt von Bedeutung sind. Dieses handwerkliche Geschick erschafft einen Rückhalt in der Welt. Es entsteht durch die Verbindung zur Jungfrau (6. Kapitel).

Der Wille braucht das Handwerk um Realität zu werden.

Zusammenfassung

Die Kooperation fügt die Einzelnen zu einer Gemeinschaft zusammen, die effektiver handeln kann als es die Einzelnen mit einem „Solo" könnten. Weiterhin ist die Kooperation, die ja auf dem Blick auf das Ganze beruht, auch eine der Grundlagen, durch die man den kurzsichtigen Egoismus, der den kleinen, kurzfristigen Nutzen sucht, aber dazu dann später auch noch der großen, langfristigen Schaden erhält, zu einem weitsichtigen Egoismus umwanden kann, der eine kleine, kurzfristige Mühe auf sich nimmt, um dann den großen, langfristigen Nutzen zu erhalten.

Dies ist der zweite der drei Stile, die auf das Vergleichen und Abstrahieren ausgerichtet sind (astrologische Luftzeichen).

Während der hier in Kapitel 7 beschriebene Stil (Waage) vergleicht und das Verständnis durch Analogien vertieft, kümmert sich der in Kapitel 3 beschriebene Stil (Zwillinge) um die elegante Wendung an einem einzelnen Punkt des Ganzen.

8. Manager

♏

Das Krisenmanagement ist die achte Grundlage, auf der ein effektives Handeln beruht. Das Krisenmanagement, aber auch der effektive „Normalbetrieb" beruht auf der klaren Bewußtheit darüber, welche Dinge wirklich wichtig sind und deshalb auch als erstes angestrebt und erreicht werden müssen.

Auch wenn generell die Kooperation anstelle der Konkurrenz angestrebt werden sollte, müssen die einzelnen Lebewesen, Organisationen und Gemeinschaften trotzdem noch immer existenzfähig bleiben, d.h. es gibt weiterhin einen Evolutionsdruck, bei dem sich der bessere Entwurf letztlich durchsetzt.

Daher wird es bei jedem Einzelnen und auch bei jeder Organisation oder Gemeinschaft auch immer wieder zu Verwandlungen kommen, durch die es ermöglicht wird, daß das Leben in einer neuen Form weitergeht. Wenn keine Bereitschaft zur Verwandlung vorhanden ist, kann es sein, daß das Leben endet, weil es sich nicht mehr den Umständen angepaßt hat. Dabei geht es natürlich nicht um Anpassung im Sinne einer Unterordnung, sondern um die Veränderung der Vorgehensweise und evtl. auch um eine Kurskorrektur oder eine Abwandlung der bisherigen Ziele ohne dabei die Grundwerte aufzugeben. Im I Ging heißt es zu solchen Situationen: „Förderlich ist es, das Große Wasser zu durchqueren."

Um die ganz großen, unerwarteten und schwierigen Verwandlungen zu vermeiden, sind regelmäßige Kursüberprüfungen und gegebenenfalls Kurskorrekturen sinnvoll – also wieder die Weitsicht.

Außerdem sollte man berücksichtigen, daß jede Entwicklung und auch jede Verwandlung nicht geradlinig, sondern in einem Hin und Her zwischen zwei Polen verläuft. Das kann man recht anschaulich bei der Französischen Revolution sehen, die mehrmals zwischen verschiedenen Varianten des Königtums und der Republik hin- und hergewechselt ist. Man sollte also keine gradlinigen Entwicklungen bei Verwandlungen erwarten.

Auch wenn das Schwanken zwischen zwei Polen bei Verwandlungen weit verbreitet ist, sollte man trotzdem darauf achten, daß es zu keiner extremen Polarisierung kommt, die alles zerstören könnte, sondern daß man die Entwicklung stattdessen möglichst bald wieder in ein ruhiges, mittleres Fahrwasser zurückführt. Dazu heißt über dem Tor des Orakels von Delphi: „Nichts im Übermaß."

Aus dem Anstreben des Wesentlichen ergibt sich die Notwendigkeit einer Prioritätenliste. Das wird auch in vielen Manager-Handbüchern betont: Man braucht eine klare Motivationen und sollte das Wichtigste zuerst in seinen Kalender eintragen, also das Essen zusammen mit seiner Frau am Hochzeitstag, die Geburtstagsfeiern der Kinder, den Urlaub … und dann als zweites auch die Fortbildungen, die langfristig gesehen die eigene Position in dem Unternehmen absichern können. um diese Termine herum findet dann die aktuelle Arbeit statt.

Individuum

Die eben genannten Dinge gelten alle auch für einen einzelnen Menschen. Man sollte immer wieder nach dem „Warum?" und nach dem „Wohin?" fragen – und man sollte seine eigenen Motivation wirklich gründlich prüfen, damit man auch tatsächlich das eigentlich Wichtige erkennt und anstrebt.

Wenn man ein Stück Torte essen will, könnte es sein, daß dahinter Frust steckt – und hinter dem Frust Beziehungsschwierigkeiten – und dahinter ein verschwiegenes Fremdgehen – und dahinter ein Jugend-Trauma … und dahinter …

Man sollte bis zur Wurzel der Probleme und Motivationen zurückkehren, da man nur dort ganz unten an der Wurzel wirklich etwas verändern und sein Leben auf eine sinnvolle Weise neu ausrichten kann.

Für den Einzelnen ist es auch wichtig, die hier beschriebene Qualität des „Existentiellen" auch in Gesprächen zu erkennen. Es gibt die sachliche Argumentation der Wissenschaftler, die auf eine Erkenntnis aus ist, und es gibt die zielgerichtete Agitation des Politikers, der auf das sich-selber-Durchsetzen aus ist. Das sollte man sehr genau unterscheiden können.

Der Krisenmanager sollte also eine gute Kenntnis sowohl in der „weißen Rede", die klären soll, und in der „schwarzen Rede", die manipulieren soll, haben – nicht um andere manipulieren zu können, sondern um Klarheit schaffen zu können und nicht selber manipuliert zu werden.

Menschen mit diesen Fähigkeiten und einem Faible für Verwandlungen können gute Krisenmanager, Detektive, Anführer und Revolutionäre werden.

Gemeinschaft

Auch in der Gemeinschaft gibt es Konkurrenz, Entwicklung und Verwandlung, doch sollte diese Konkurrenz nicht in einen Kampf ausarten und dadurch destruktiv werden. Wir haben allerdings noch kein Wirtschafts- und Politiksystem, daß diese Anforderung an ein sinnvolles Handeln fördern würde. Derjenige, der ein solches System erfinden würde, hätte den Nobelpreis verdient!

Es ist z.B. nicht sinnvoll, wenn acht Autofirmen alle verschiedene Elektromotoren entwickeln anstatt sich zusammen zu tun und gemeinsam einen wirklich guten Elektromotor zu bauen, den dann alle nutzen. Der Aufwand könnte deutlich kleiner sein als er bei acht Entwicklungen von acht verschiedenen Motoren ist.

Ebenso ist es wenig sinnvoll, wenn sich in einer Fußgängerzone acht Bäckereien nebeneinander befinden oder dort auch noch sechs Döner-Stände eingerichtet werden. Es werden nach drei Monaten nur noch drei Bäckereien und zwei Döner-Stände übrig sein. Ist das nicht eine große Verschwendung von Geld, Zeit und Arbeit, wenn fünf Bäckereien und vier Döner-Stände eingerichtet werden und anschließend wieder schließen müssen?

Die kriegerische Seite, die der in diesem Kapitel beschriebene Stil ja durchaus hat, kann auch dafür genutzt werden, zukünftige Entwicklungen vorherzusehen und sich rechtzeitig auf sie vorzubereiten, oder auch um das eigene Unternehmen oder den eigenen Staat gegen Spionage und gegen IT-Angriffe abzusichern.

Erde

Auch auf der Erde hat es viele Verwandlungen gegeben – z.B. die Artensterben aufgrund von großen Vulkanausbrüchen, von Meteoriten-Einschlägen oder von langen und besonders kalten Eiszeiten.

Da jedes dieser Ereignisse zu grundlegenden Veränderungen des Lebens auf der Erde geführt hat und jeweils die Tiere an der Spitze der Nahrungskette als erste ausgestorben sind, sollten sich die Menschen überlegen, ob sie selber z.B. durch die Klimaerwärmung eine solche Verwandlung bewirken wollen … Schließlich stehen die Menschen derzeit an der Spitze der Nahrungskette auf der Erde, weshalb ihre Weiterexistenz bei einer größeren Veränderung auf der Erde am stärksten gefährdet sein würde.

Zusammenhänge

Für ein effektives Handeln ist jedoch nicht nur die Ausrichtung auf das Wesentliche und die Bereitschaft zur Verwandlung von zentraler Wichtigkeit – diese beiden Aspekte, die zusammen das Wesentliche eines guten Managements sind, müssen mit jedem anderen der zwölf Prinzipien des effektiven Handelns in Bezug gesetzt werden. Erst dadurch erhält dieses Management seine effektive Größe, Struktur, Ausrichtung und Dynamik.

Die zwölf Aspekte, die beim Management beachtet werden sollten, sind:

- Ohne das gute Management kann keine Krise überstanden werden und keine Verwandlung erfolgreich durchgeführt werden. Dieses Management entspricht dem Skorpion (8. Kapitel). Es ist die Grundlage und immer der erste Schritt dieses Handlungs-Stils.

Nach dem Intensivsten streben und sich dabei verwandeln – das ist mein Weg.

- Das gute Management ist auf ein klares Ziel ausgerichtet, denn ohne ein klares Ziel verlaufen alle Verwandlungen zufällig und folgen nur der eigenen inneren Dynamik. Diese Zielgerichtetheit ist stets der notwendige zweite Schritt bei dieser sich an der Intensität orientierenden Handlungsweise. Diese Zielstrebigkeit entsteht durch die Verbindung zum Schützen (9. Kapitel).

Verwandlung macht nur Sinn, wenn es ein klares Ziel gibt.

- Das gute Management braucht eine solide Sachlichkeit, denn die Realität ist unerbittlich, wenn man etwas falsch gemacht hat: Die Folgen werden nicht ausbleiben. Diese Sachlichkeit integriert das Angestrebte in den Umraum des Möglichen. Sie entsteht durch die Verbindung zum Steinbock (10. Kapitel).

Vorher prüfen hat noch nie geschadet.

- Das gute Management benötigt auch ein theoretisches Verständnis in dem Bereich, in dem es tätig ist. Ohne diese Kenntnis der Strukturen, der Dynamiken, der Abläufe, der wesentlichen Einflüsse usw. ist es kaum möglich, die Wirkungen der eigenen Handlungsoptionen korrekt einzuschätzen. Diese theoretische Grundlage schützt das Innere. Sie entsteht durch die Verbindung zum Wassermann (11. Kapitel).

Wissen ist Macht.

- Das gute Management wird deutlich effektiver, wenn es nicht nur Konzepte hat, denen es folgt, sondern wenn es auch spüren kann, ob „etwas im Busch" ist und sich darauf einstellen kann. Dieses Gespür für sich anbahnende Entwicklungen ermöglicht und erschafft eine lenkende Mitte. Sie entsteht durch die Verbindung zu den Fischen (12. Kapitel).

Wenn der Himmel sich dunkel bewölkt, suche einen Schutz vor Regen.

- Das gute Management braucht Mut und Tatkraft, da es die Kurskorrekturen und die Verwandlungen auch durchsetzen muß. Eine tiefe Einsicht und ein guter Plan helfen nicht viel, wen sie nicht auch umgesetzt werden. Diese Tatkraft schützt das System. Sie entsteht durch die Verbindung zum Widder (1. Kapitel)

Angriff ist die beste Verteidigung!

- Das gute Management darf sich nicht ganz auf Krisen und Verwandlungen fixieren, sondern muß sich auch um das Bewahren des Guten, das Schützen des Bestandes und das Nutzen des bereits Erworbenen kümmern. Neben den aufreibenden Phasen der Verwandlung werden auch die Phasen der Erholung und des ruhigen Wachstums benötigt. Wenn etwas gedeiht, sollte man es nicht durch Veränderungen stören. Diese Gärtner-Haltung verhindert die Einseitigkeit der endlosen Veränderung. Sie entsteht durch die Verbindung zum Stier (2. Kapitel).

  Auch der stärkste Krieger muß mal sich mal ausruhen.

- Das gute Management muß gut informiert sein, es muß wissen, was im eigenen Unternehmen vor sich geht, was die anderen Unternehmen vorhaben und welche neuen Erfindungen und Entwicklungen vor der Türe stehen. Diese Informiertheit ermöglicht die Weiterentwicklung. Sie entsteht durch die Verbindung zum Zwilling (3. Kapitel).

  Wo die Kraft scheitert, hilft oft die List.

- Das gute Management sollte weiterhin in der Lage sein, nicht nur die Brennpunkte zu sehen, sondern auch ein Gesamtbild der eigenen Organisation zu entwickeln. Nur durch dieses Bild entsteht ein tieferes Verständnis und ein lebendiger Zugriff auf die Stimmungen in der Organisation, ihre Stärken und Schwachstellen und ihre Entwicklungstendenzen. Gut entworfene Bilder sind auch die Grundlage jeglicher Werbung. Dieses bildhafte Erfassen ermöglicht eine klare Ausrichtung auf die eigentlichen Bedürfnisse – aber auch die Manipulation der Bedürfnisse durch Bilder. Diese Bedarfs-Bilder entstehen durch die Verbindung zum Krebs (4. Kapitel).

  Bilder-Denken ist schneller und wirksamer als Worte-Denken.

- Das gute Management braucht weiterhin die Möglichkeit, Änderungen zu beschließen und durchzusetzen – also ein zentrales Forum, das über diese Macht verfügt. Diese Forum – wie auch immer es gestaltet sein mag – muß die Identität der eigenen Organisation wahren und Beschlüsse fassen und umsetzen, die aus dieser Identität heraus entstehen und die diese Identität weiter entfalten und wachsen und gedeihen lassen. Dieses zentrale Forum erschafft Sicherheit und Beständigkeit. Es entsteht durch die Verbindung zum Löwen (5. Kapitel).

  Die gezielte zentrale Lenkung vergrößert die Effektivität.

- Das gute Management benötigt wie alle anderen Teile einer Organisation auch eine gute Detailkenntnis und ein großes handwerkliches Geschick. Diese Handwerker-Haltung hilft andere zu überzeugen und dadurch Teil einer „Bewegung" zu werden. Diese Sorgfalt entsteht durch die Verbindung zur Jungfrau (6. Kapitel).

Achte im Kampf auch auf die Kleinigkeiten.

- Das gute Management muß schließlich auch in der Lage sein, Konflikte aufzulösen, Streits zu schlichten, Kompromisse zwischen verschiedenen Strömungen zu finden und alle Beteiligten zu einer gut koordinierten Kooperation zu bringen. Ohne diese Fähigkeit kann keine Organisation gedeihen. Diese Kooperationsfähigkeit erschafft durch ihre grundlegende Friedlichkeit einen Rückhalt in der Welt. Diese Kooperation entsteht durch die Verbindung zur Waage (7. Kapitel).

Kein einzelner Krieger ist so stark wie ein Bündnis aus einem Dutzend Männer.

Zusammenfassung

Es wird ein gutes Management gebraucht, um eine Organisation – das eigene Leben, eine Familie, ein Unternehmen, ein Staat, die Menschheit – gedeihen zu lassen. Es ist notwendig, das Wesentliche und seine Entwicklungstendenzen so klar wie nur irgend möglich zu erfassen, und dann anschließend auch entsprechend zu handeln und auch Kurskorrekturen und Verwandlungen in Kauf zu nehmen, wenn der bisherige Weg absehbar zu einem Scheitern führen würde.

Dies ist der zweite der drei Stile, die auf das bildhafte Veranschaulichen ausgerichtet sind (astrologische Wasserzeichen).

Während der in Kapitel 4 beschriebene Stil (Krebs) sich die Dinge auf der Zunge zergehen läßt und dadurch mit ihnen emotional vertraut wird, bündelt der hier in Kapitel 8 beschriebene Stil (Skorpion) alle Gefühle einsgerichtet auf ein einziges Thema hin.

9. Projektleiter

♐

Die Zielgerichtetheit ist die neunte Grundlage, auf der ein effektives Handeln beruht. Das Handeln kann nur dann effektiv werden, wenn ein klares Ziel angestrebt wird, durch das die Kräfte und Bemühungen gebündelt werden.

Um ein Ziel erreichen zu können, muß gründlich vorausgeplant werden und auch ein Plan B und ein Plan C entworfen werden, damit man nicht dann, wenn der eigentliche Plan fehlschlägt, handlungsunfähig wird und große Verluste hinnehmen muß.

Dieser Handlungsstil sieht stets, was und wie es gerade ist, und gleichzeitig sieht er aber auch das, was und wie es sein könnte. Daraus ergibt sich die kreative Unruhe, mit dem man den Bogen der Unzufriedenheit spannen kann, um den Pfeil des Engagements auf das Ziel der Verbesserung zu schießen. Dieser Stil will stets weitergehen, zu dem Besseren gelangen, Fortschritte machen, ein neues Ziel erreichen. Sein Ankerpunkt ist die bessere Zukunft.

Individuum

Auch der Einzelne braucht diese Zielstrebigkeit, wenn er etwas erreichen will. Ohne die Bündelung der eigenen Fähigkeiten und Kräfte und Anstrengungen auf ein Ziel hin wird man nicht weit kommen.

Der Einzelne kann zudem als Vorbild handeln und dadurch andere inspirieren und bisweilen sogar eine große Wirkungs-Reichweite erlangen.

Gemeinschaft

Die Grundlage der Ziele in einer Gemeinschaft ist das Motto der Gemeinschaft, die lebendige „corporate identity".

Die einzelnen Schritte, die dieses übergeordnete Ziel verwirklichen helfen, werden durch einen Manager bzw. Projektleiter definiert und angeleitet.

Erde

In Bezug auf die gesamte Erde können die generellen Ziele erst dann angestrebt werden, wenn die langfristigen Folgen aller möglichen Verhaltensweisen in ausreichendem Maße erforscht worden sind. Auf diese Weise können zum einen Schäden vermieden und zum anderen nach und nach die verschiedenen Etappenziele erreicht werden. Allerdings ist es dafür notwendig, daß genügend Menschen die Notwendigkeit eines Zieles erkannt haben und auch wirklich hinter den Bemühungen, dieses Ziel zu erreichen, stehen.

Zusammenhänge

Für ein effektives Handeln ist jedoch nicht nur die Zielstrebigkeit selber von zentraler Wichtigkeit – sie muß mit jedem anderen der zwölf Prinzipien des effektiven Handelns in Bezug gesetzt werden. Erst dadurch erhält die Zielstrebigkeit ihre effektive Größe, Struktur, Ausrichtung und Dynamik.

Die zwölf Aspekte, die bei der Zielstrebigkeit beachtet werden sollten, sind:

- Ohne die Zielstrebigkeit wird nichts besser werden, aber ab und zu etwas schlechter werden. Dieses Streben nach dem besseren Zustand entspricht dem Schützen (9. Kapitel). Es ist die Grundlage und immer der erste Schritt dieses Handlungs-Stils.

  Erst das Ziel gibt der Bewegung ihren Sinn.

- Die Zielstrebigkeit braucht die sachliche, nüchterne Prüfung, bevor man mit dem Projekt beginnt, denn sonst ist die Gefahr einer Fehlplanung zu groß. Diese Sachlichkeit ist stets der notwendige zweite Schritt bei dieser auf das Ideal ausgerichteten Handlungsweise. Diese nüchterne Betrachtung der Tatsachen entsteht durch die Verbindung zum Steinbock (10. Kapitel).

  Wer den Weg kennt, ist schnell am Ziel.

- Die Zielstrebigkeit wird deutlich effektiver, wenn sie eine solide Kenntnis der theoretischen Grundlage des Bereichs hat, in dem man etwas unternehmen will. Dieses Wissen ermöglicht eine deutlich sicherere und verläßlichere Planung und Durchführung. Diese Theorien ermöglichen es auch, das angestrebte Ziel als Teil der Utopie des bestmöglichen Zustands zu erkennen und zu verstehen – was die Möglichkeiten zur Zusammenarbeit mit anderen deutlich vergrößert. Dieses Wissen um die theoretischen Grundlagen integriert das einzelne Ziel in den Umraum des Gesamt-Ideals. Diese Kenntnisse entstehen durch die Verbindung zum Wassermann (11. Kapitel).

  Die Etappenziele erlangen ihre Bedeutung durch das Endziel.

- Die Zielstrebigkeit muß auch – selbst dann, wenn die Umsetzung des Projekts bereits begonnen hat – auf die aktuelle Situation und die allgemeinen Tendenzen schauen, um nicht in ungünstigen Winden in Schwierigkeiten zu kommen. Das eigene Vorgehen muß also immer wieder einmal den Umständen angepaßt werden. Dieses Gespür dafür, „von woher der Wind weht" schützt das Innere. Es entsteht durch die Verbindung zu den Fischen (12. Kapitel).

Man kommt schneller ans Ziel, wenn man nutzt, was einem unterwegs begegnet.

- Die Zielstrebigkeit braucht auch den Mut zur Tat. Das Ziel verwirklicht sich nicht von alleine – man muß die Dinge auch anpacken und bewegen. Diese Tatkraft ermöglicht und erschafft eine lenkende Mitte. Diese ständige Handlungsbereitschaft entsteht durch die Verbindung zum Widder (1. Kapitel).

Ohne Kraft keine erfolgreiche Reise.

- Die Zielstrebigkeit darf auch nicht zu einem Streben um des Strebens willen werden, sondern sie muß das Erreichte auch bewahren, schützen und genießen. Auf die Aktivität der Zielstrebigkeit muß jedesmal die Ruhe der Konsolidierung folgen. Diese Konsolidierung schützt das System. Sie entsteht durch die Verbindung zum Stier (2. Kapitel).

Setz Dich, atme durch und iß und trinke wenn Du erschöpft bist.

- Die Zielstrebigkeit braucht nicht nur die ihr eigene Ausrichtung auf ein Ziel, sondern zuvor auch einen klaren Blick auf die Vielfalt der Möglichkeiten und Wege, denn sonst stellt man nach einer Weile vielleicht fest, daß man ein minderwertiges Ziel angestrebt hat und das eigentlich wertvolle Ziel, das in greifbarer Nähe gelegen hat, übersehen hat. Oder man ist voller Elan links herum gelaufen ohne zu sehen, daß der Weg rechts herum viele einfacher und kürzer gewesen wäre. Also erst schauen, dann schießen. Dieser Überblick verhindert die Einseitigkeit des Blicks auf ein einzelnes Ziel. Der so dringend benötigte Überblick entsteht durch die Verbindung zum Zwilling (3. Kapitel).

Nur wer die Vielfalt kennt, kann das lohnendste Ziel auswählen.

- Die Zielstrebigkeit benötigt auch ein klares und ebenso emotionales Bild des Zieles, da nur solch ein Ziel die bewußten Kräfte und in einem noch viel größeren Maße auch die unbewußten Kräfte bündeln kann. Das gilt sowohl für den Einzelnen als auch für eine Gemeinschaft und ebenso für die Menschheit als Ganzes. Durch solche Bilder, die durch einen Sachkundigen magisch „aufgeladen" worden sind, werden bisweilen auch neu auf dem Markt lancierte Produkte gezielt gefördert. Diese Art von Bildern ermöglicht die Weiterentwicklung. Sie entstehen durch die Verbindung zum Krebs (4. Kapitel).

Wecke die Kraft in Dir bevor Du den Bogen spannst.

- Die Zielstrebigkeit benötigt auch eine koordinierende und lenkende Mitte, denn es reicht nicht, das Ziel klar vor Augen zu haben – auch die verschiedenen Phasen des Weges zu diesem Ziel müssen in der richtigen Reihenfolge in Gang gebracht werden. Diese lenkende Mitte ermöglicht eine klare Ausrichtung auf die gerade wichtigsten Projekte. Diese Mitte entsteht durch die Verbindung zum Löwen (5. Kapitel).

Wer auf zwei Hasen zugleich schießt, trifft keinen einzigen.

- Die Zielstrebigkeit kommt auch nicht ohne das handwerkliche Geschick aus, das es erst ermöglicht, Ordnung und Überblick zu behalten und jeden einzelnen kleinen Schritt auf dem Weg zu dem Ziel in einer möglichst effektiven Weise zu gehen und dabei keine Kleinigkeiten zu übersehen die letztlich zu dem Scheitern des Ganzen führen könnten. Dieses handwerkliche Geschick erschafft Sicherheit. Es entsteht durch die Verbindung zur Jungfrau (6. Kapitel).

Wenn Du weit reiten willst, kümmere Dich gut um Dein Roß.

- Die Zielstrebigkeit wird nur dann wirklich wirksam werden, wenn sie mit den anderen eigenen Zielen in Einklang steht, und in vielen Fällen wird sie auch erst dann wirksam, wenn man Verbündete auf dem Weg zu diesem Ziel finden kann. Dafür sind viele Gespräche notwendig, bei denen man den Wert des Zieles anschaulich und für alle gut verständlich darstellt. Diese Kooperation mit Gleichgesinnten hilft Teil einer „Bewegung" zu werden, die gemeinsam auch Ziele erreichen kann, die Dir alleine unerreichbar bleiben würden. Diese Zusammenarbeit entsteht durch die Verbindung zur Waage (7. Kapitel).

Gemeinsam ist jede Arbeit leichter.

- Die Zielstrebigkeit wird nur in seltenen Fällen einfach geradeaus auf dem Geplanten Weg das Ziel erreichen. In den meisten Fällen wird es unerwartete Hindernisse, Ausfälle, Zusatzarbeiten und dergleichen geben, die ein Umdenken, Kurskorrekturen und einen manchmal sogar eine vollständige Verwandlung des Projektes erfordern. Diese Verwandlungen erschaffen einen Rückhalt in der Welt, da diese Neuorientierungen sich an dem, was man will, und an dem, was vor einem liegt, orientieren. Diese Kurskorrekturen und Verwandlungen entstehen durch die Verbindung zum Skorpion (8. Kapitel).

Prüfe gründlich, was Du wirklich willst, bevor Du losrennst.

Zusammenfassung

Die Zielstrebigkeit ermöglicht es, ein Ziel zu erreichen. Dazu muß man sehen können, wie die Dinge von dem ausgehend, wie sie gerade sind, besser werden könnte. Wenn dann der Aufwand und der mögliche Ertrag in einem günstigen Verhältnis stehen, wird man mit dem betreffenden Projekt beginnen.

Dies ist der dritte der drei Stile, die auf das mutige Tun ausgerichtet sind (astrologische Feuerzeichen).

Während der in Kapitel 1 beschrieben Stil (Widder) etwas neu erschafft und der in Kapitel 5 beschriebene Stil (Löwe) die Dinge um eine Mitte herum anordnet und sie zu einem organischen Ganzen zusammenwachsen läßt, richtet der hier beschriebene Stil (Schütze) alle Kraft auf ein einzelnes Ziel aus.

Der Widder ist ein Gründer, der Löwe ein Gestalter und der Schütze ein Anwender.

10. Wächter

♍

Die nüchterne Sachlichkeit ist die zehnte Grundlage, auf der ein effektives Handeln beruht. Hier wird stets auf die staatlichen Gesetze und auf die Naturgesetze aufgebaut, das Erreichte gesichert und das Zukünftige geplant. Es werden alle Risiken vermieden und jeder erdenkliche Halt wird als Teil des Fundaments integriert.

Daher ist diese Vorgehensweise anfangs langsam und mühsam, doch da die Fundament durch das viele Lernen und Üben sehr tragfähig sind, kommt man mit dieser Vorgehensweise auch sehr weit und kann auf diesen Fundamenten einen hohen Turm bauen und erreicht meist erst im Alter das Maximum.

Wie ein Wächter sichert man alles ab; es wird für alles die Grundlage erschaffen; und man prüft, prüft und prüft noch einmal, um auch ja keine Fehler zu begehen und auch keine übereilten Entschlüsse zu fassen. Es wird niemals auf Kosten der Grundlagen gespart oder rationalisiert.

Man geht in jedem Bereich so gründlich vor wie ein Flugzeug-Konstrukteur: Nur wenn das Flugzeug fliegt – sicher und risikofrei fliegt – ist man zufrieden und hat seine Ruhe und seinen Frieden mit dem, was man tut.

Individuum

Die Vorgehensweise ist gründlich und daher in aller Regel auch langsam. Daraus ergeben sich sowohl Gelassenheit als auch Ausdauer. Es wird an einem Tag nicht viel geschafft, aber das, was geschafft wurde, ist dafür aber auch sicher, verläßlich und tragfähig. Man geht zwar langsam, aber man geht noch immer weiter, wenn andere schon längst Pause machen oder mit dem Erreichten schon zufrieden sind.

Im I Ging heißt es dazu „förderlich ist Beharrlichkeit".

Gemeinschaft

Gemeinschaften, die auf diesem Prinzip aufbauen, sind eher traditionell und im guten Sinne wertkonservativ, d.h. sie bewahren das Gute, das bereits erschaffen wurde. Man findet hier also eher Museen als Ideenschmiede, aber auch Naturschützer und Diplomaten, die danach streben, den Frieden zu erhalten.

Weiterhin gehört die ganze Jurisdiktion hierhin, also Richter, Notare und die gesamte Verwaltung, die sich ja alle an festgelegten Regeln orientieren. Sie bauen auf dem allgemeinen Konsens auf und halten schädliche Auswirkungen durch die Abweichung von der Norm von der Gemeinschaft fern.

Erde

Die Erde braucht diese Qualität derzeit in hohem Maße – genauer gesagt die Menschheit auf der Erde braucht diese konservative, bewahrende Haltung. Ohne sie ist die Lebensgrundlage für die Menschen in Gefahr: Klimaerwärmung, Artensterben, Rohstoffausbeutung, Mikroplastik-Verbreitung – es gibt eine lange Liste von „schleichenden Schädigungen" unserer Lebensgrundlage durch uns selber.

In diesen Bereichen wird diese langsame, prüfende, einsichtige und in Bezug auf das Handeln konsequente Haltung dringend gebraucht. Diese Vorgehensweise ist auf den ersten Blick unangenehm und begrenzend, aber dafür hat sie den Vorteil, daß sie langfristig das Überleben der Menschen absichert.

Man sollte nicht die Mühe in der Gegenwart scheuen, wenn man dadurch Gefahren in der Zukunft abwehren kann.

Zusammenhänge

Für ein effektives Handeln ist jedoch nicht nur die Sachlichkeit selber von zentraler Wichtigkeit – sie muß mit jedem anderen der zwölf Prinzipien des effektiven Handelns in Bezug gesetzt werden. Erst dadurch erhält die Sachlichkeit ihre effektive Größe, Struktur, Ausrichtung und Dynamik.

Die zwölf Aspekte, die bei der Sachlichkeit beachtet werden sollten, sind:

- Ohne die Sachlichkeit kann nichts Stabiles und Tragfähiges erschaffen werden. Nur wenn man zunächst einmal nach den festen Felsen sucht, kann man auf ihnen ein Haus bauen, das die Zeiten und Stürme überstehen kann, weil es fest verankert ist. Diese Sachlichkeit entspricht dem Steinbock (10. Kapitel). Sie ist die Grundlage und immer der erste Schritt dieses Handlungs-Stils.
  Beständiges Streben ist das Geheimnis des großen Erfolgs.

- Die Sachlichkeit kann jedoch nicht isoliert wirklich fruchtbar werden. Sie benötigt auch eine klare Vorstellung von dem, was mit so viel Mühe erbaut werden soll. Dazu ist wiederum eine Vorstellung von dem Bestmöglichen – also eine Utopie – notwendig, die ihrerseits wieder die gründliche Kenntnis aller theoretischen Grundlagen erfordert. Diese Utopie ist stets der notwendige zweite Schritt bei dieser sachlichen Handlungsweise. Sie entsteht durch die Verbindung zum Wassermann (11. Kapitel).

Das Verstehen der Theorie erleichtert das Bauen.

- Die Sachlichkeit braucht weiterhin die Fähigkeit, ihre Gründlichkeit und Fundament-Orientierung auf alles anwenden zu können, was einem so alles im Laufe des Tages begegnet. Man muß die eigenen soliden Grundlagen also dafür nutzen können, durch jede erdenkliche Situation unbeschadet und wenn möglich sogar mit einem Vorteil hindurch zu kommen. Man braucht also ein stoßfestes Fundament, auf dem man all das aufbauen kann, was in einer bestimmten Situation gebraucht wird. Das, was auf dem festen Fundament aufgebaut wird, sollte also auch flexibel sein und sich jeden äußeren Umständen anpassen können. Diese Flexibilität integriert das Erschaffene in den Umraum der gesamten Welt. Diese Anpassungsfähigkeit entsteht durch die Verbindung zu den Fischen (12. Kapitel).

Alles nutzen, aber stets an demselben weiterbauen.

- Die Sachlichkeit darf nicht zu Passivität werden. Das, was wie eine generelle Anpassung aussehen mag, ist in Wirklichkeit das Nutzen der Gegebenheiten zum eigenen Vorteil: Man versucht nicht, die Felsen zu sprengen, sondern man akzeptiert sie und klettert auf ihnen höher hinauf. Wenn zu der Sachlichkeit die Tatkraft hinzukommt, kann man aus den Steinen, die einem in den Weg gelegt werden, auch ein Haus bauen. Dieses Handeln ist bedächtig und gut begründet und richtet sich immer auf den leichtesten Weg zu dem eigenen Vorteil. Diese Tatkraft schützt das Innere. Sie entsteht durch die Verbindung zum Widder (1. Kapitel).

Nur wer handeln kann, kommt voran.

- Die Sachlichkeit ist auch bewahrend, da es ja nicht nur darum geht, etwas zu erreichen, sondern auch darum, das Erreichte zu schützen und abzusichern. Das Genießen des Erreichten, daß ja auch noch dazu gehört, findet bei diesem Stil oft erst in späteren Jahren statt, wenn alles Wesentliche aufgebaut und abgesichert worden ist. Dieses Bewahren ermöglicht und erschafft eine lenkende Mitte. Dieses Schützen und Bewahren entsteht durch die Verbindung zum Stier (2. Kapitel).

Förderlich ist es, das Erschaffene zu beschützen.

- Die Sachlichkeit sollte niemals in bloße Sturheit absinken, bei der man einfach bei dem Alten bleibt, sondern man sollte stets auch alle neuen Entwicklungen und sich bietenden Möglichkeiten sehen und nutzen. Schließlich ist es nicht das Ziel, möglichst immer gleich zu bleiben und gleich zu handeln, sondern es ist das Ziel, einen möglichst stabilen Fortschritt zu machen – und dafür kann man auch alles Neue verwenden. Natürlich verwendet man das Neue erst dann, wenn die Richtigkeit und Verläßlichkeit des Neuen gründlich geprüft worden ist. Diese Offenheit für neue Informationen schützt das System vor unnötiger Kraftverschwendung. Diese Offenheit entsteht durch die Verbindung zum Zwilling (3. Kapitel).

Findigkeit erspart Mühe.

- Die Sachlichkeit könnte ein wenig trocken und isoliert machen, wenn sie nicht durch ein Bild von der eigenen Situation und durch die Verbindung zu anderen Menschen ergänzt wird. Es wird hier natürlich nach beständigen und verläßlichen Verbindungen, Freundschaften und Beziehungen gesucht. Es soll ja nicht nur ein festes Haus auf festen Felsen erbaut werden, sondern in diesem Haus soll ja auch ein bereicherndes Leben stattfinden und Geborgenheit gedeihen können. Diese Behaglichkeit verhindert die Einseitigkeit der Außen-Orientierung. Diese behagliche Innen-Orientierung entsteht durch die Verbindung zum Krebs (4. Kapitel).

Auch wenn Du ständig im Außen handelst, hast Du doch auch ein Innen.

- Die Sachlichkeit braucht auch eine innere Stärke, um den eigenen Vorteil behaupten zu können. Diese Sachlichkeit ist also keine kraftlose Anpassung, sondern ein kraftvolles Nutzen der Gesetze und Regeln. Dazu muß man natürlich wissen, wer man ist und was man will. Diese lenkende und gestaltende Mitte ermöglicht die Weiterentwicklung. Sie entsteht durch die Verbindung zum Löwen (5. Kapitel).

Nur der große Wille errichtet den hohen Turm.

- Die Sachlichkeit muß weiterhin durch die Sorgfalt und das Beachten aller Details ergänzt werden, da sonst kleine Fehler auftreten können, die das große Ganze ins Wanken bringen könnten. Diese Sorgfalt ermöglicht eine klare Ausrichtung auf das Verläßliche. Sie entsteht durch die Verbindung zur Jungfrau (6. Kapitel).

Nur präzise Sachkenntnis ermöglicht Beständigkeit.

- Die Sachlichkeit kann zwar allein für sich voran streben, aber der Weg wird einfacher, wenn man sichere Verbündete findet, mit denen man den Weg gemeinsam gehen kann. Diese Weggefährten erschaffen Sicherheit. Sie entstehen durch die Verbindung zur Waage (7. Kapitel).

Kein Palast wurde jemals nur von zwei Händen erbaut.

- Die Sachlichkeit benötigt auch die Bereitschaft zum Wandel. Das ist diesem stetigen und durch Absicherung geprägten Vorgehen zwar zuwider, aber wenn es im Außen die Notwendigkeit gibt, den eigenen Kurs zu korrigieren, weil z.B. die Regeln geändert worden sind, dann führt diese Sachlichkeit dazu, daß man einer der ersten ist, die sich auf die neuen Gegebenheiten einstellen – alles andere wäre schließlich Selbstschädigung. Diese Verwandlungsfähigkeit bei der Veränderung der Rahmenbedingungen hilft Teil einer „Bewegung" mit gleichen Zielen zu werden. Diese Verwandlungsfähigkeit entsteht durch die Verbindung zum Skorpion (8. Kapitel).

Beständigkeit erreichst Du nur durch stetigen Wandel.

- Die Sachlichkeit braucht schließlich auch noch ein Ziel, das sie anstreben kann, denn sonst gibt es ja nichts, was man auf seinem festen Fundament aufbauen wollen könnte. Diese Zielstrebigkeit erschafft einen Sinn und einen Rückhalt in der Welt. Sie entsteht durch die Verbindung zum Schützen (9. Kapitel).

Das Ziel ist das Fundament der Arbeit.

Zusammenfassung

Die sachliche, nüchterne und die Beständigkeit anstrebende Vorgehensweise bildet sozusagen die „Knochen" eines jeden Systems, durch das ein innerer Halt entsteht. Diese Handlungs-Stil ermöglicht eine langfristige Effektivität und ein zwar langsames, aber dafür auch dauerhaftes und gut abgesichertes Erreichen der eigenen Ziele.

Dies ist der dritte der drei Stile, die auf das sachliche Begreifen und Argumentieren ausgerichtet sind (astrologische Erdzeichen).

Während der hier in Kapitel 10 beschriebene Stil die Tatsachen der Welt erkennt und sich an ihnen orientiert und sie nutzt, gestaltet der in Kapitel 2 beschriebene Stil (Stier) etwas genußvoll aus, und der in Kapitel 6 beschriebene Stil (Jungfrau) kümmert sich um die ganzen kleinen Details.

Der Steinbock ist ein Gründer, der Stier ein Gestalter und die Jungfrau ein Anwender.

11. Professor

~~

Die Utopie ist die elfte Grundlage, auf der ein effektives Handeln beruht. Die Grundlage für die Utopie ist wiederum die Forschung, die Wissenschaft und die Theoriebildung sowie die Fähigkeit, sich das, was da ist, anzuschauen, und einen Entwurf dafür, wie es insgesamt sein sollte, zu erschaffen. Die Theoriebildung ist also ein Werkzeug, um den umfassenden Idealzustand und ebenso den Weg dorthin erkennen und beschreiben zu können.

Aus der Utopie ergibt sich das Handeln im ganz großen Stil – das Handeln, das auf die Allgemeinheit wirkt. Dieses Handeln erschafft völlig neue Dinge, erfindet das, was gebraucht wird, und es öffnet das Tor zur Zukunft.

Hier wird mit Weitblick, Gesamtschau und Vision eine Utopie für sich selber, für die Gemeinschaft und für die Menschheit entwickelt, und es werden neue Erfindungen und Entwicklungen integriert. Aufgrund dieser umfassenden Absicht und dieser angestrebten umfassenden Wirkung wird dieses Handeln stets sehr schnell auch politisch relevant – schließlich lenkt auch die Politik die Öffentlichkeit … und die ist ja das, was durch die Verwirklichung der Utopie verändern werden soll.

Individuum

Jemand, der auf diese Weise handelt, wird oft zu einem Erfinder, einem Forscher, einem Konstrukteur, einem Professor, einem Utopisten oder zu einem Politiker. Ein solcher Mensch lebt aus seiner Utopie heraus, aus ihr zieht er seine Kraft, für sie lebt er und nach ihr strebt er.

Gemeinschaft

In einer Gemeinschaft – egal wie groß sie ist – führt diese Art des Handelns entweder zur Evolution oder zur Revolution, aber auf jeden Fall zu einer raschen Weiterentwicklung.

Die Qualität und das Niveau dieser Veränderungen hängen davon ab, wie gründlich diejenigen, die diese Bewegung in Gang gesetzt haben, die zu verändernde Situation untersucht haben und wie tragfähig die von ihnen entworfene Utopie ist.

Erde

Die Erde bzw. die Menschheit kann gerade sehr gut die Utopie eines verantwortungsvollen und vertrauensvollen Handelns der Menschheit brauchen, um die anstehenden Probleme zu lösen und die ganzen Krisen abzuwenden. Diese Utopie, die im Wesentlichen ein Erwachsenwerden der Menschheit sein wird, muß so klar wie möglich formuliert und in einzelne Schritte gegliedert werden, damit sie die Menschen dazu bewegen kann, diesen Entwicklungsschritt auch anzugehen.

Dabei gibt es zum einen die Ebene der „Graswurzel-Revolution", auf der ganz viele „Kleine" viele kleine Schritte in die richtige Richtung machen; und es gibt zum anderen die „Großen", die viel Einfluß haben, weil sie reich oder mächtig sind, und die ebenfalls in die richtige Richtung gehen müssen.

Es steht zu hoffen, daß es bald genügend Einsicht in die Dringlichkeit der Probleme wie der Überbevölkerung, dem Klimawandel, dem Artensterben und dem Hunger gibt, daß eine solche Bewegung mit dem Ziel eines erwachsenen Verhaltens der Menschheit in Gang kommt.

Das ist nicht völlig aussichtslos, aber es ist auch nicht sicher, wann diese Entwicklung endlich genügend Schwung bekommen wird.

Zusammenhänge

Für ein effektives Handeln ist jedoch nicht nur die Utopie selber von zentraler Wichtigkeit – sie muß mit jedem anderen der zwölf Prinzipien des effektiven Handelns in Bezug gesetzt werden. Erst dadurch erhält die Utopie ihre effektive Größe, Struktur, Ausrichtung und Dynamik.

Die zwölf Aspekte, die bei der Utopie beachtet werden sollten, sind:

- Ohne die Utopie fehlt der Weg, den man gemeinsam gehen könnte. Man den Weg nicht beschreiben, wenn es keine verläßliche Theoriebildung gibt. Man kann keine funktionierende Theorie entwerfen, wenn es keine Forschung gibt. Es kann keine Forschung geben, wenn es keine solide geprüfte Wissenschaft gibt. Diese letztlich auf der Wissenschaft beruhende Utopie entspricht dem Wassermann (11. Kapitel). Sie ist die Grundlage und immer der erste Schritt dieses Handlungs-Stils.
Verstehen weitet die Lebensmöglichkeiten.

- Die Utopie entsteht aus dem abstrakten Überblick über die Gesamtsituation. Diese Utopie muß jedoch aus den Gelehrtenstübchen ins Volk gebracht werden, wenn sie wirksam werden soll. Diese allgemeine Bekanntmachung ist stets der notwendige zweite Schritt bei dieser sich an der Utopie orientierenden Handlungsweise. Dieses „Verkünden" entsteht durch die Verbindung zu den Fischen (12. Kapitel).

Wenn alle die Utopie kennen, verändert sich die Welt.

- Die Utopie ist der vorgeschlagene Weg – doch man muß auch losgehen, wenn man auf diesem Weg zum Ziel gelangen will. Dafür wird mutige Tatkraft und unverzagte Entschlossenheit gebraucht. Diese Tatkraft integriert die noch abstrakte Utopie in den Umraum der Handlungsmöglichkeiten. Sie entsteht durch die Verbindung zum Widder (1. Kapitel).

Was, wenn nicht das Beste? Wann, wenn nicht jetzt?

- Die Utopie muß ein angenehmeres und genußvolleres Leben versprechen und sie muß auch mit den vorhandenen Mitteln erreichbar sein. Eine Utopie, von der niemand glaubt, daß man sie verwirklichen kann, wird auch nie verwirklicht werden – ganz einfach, weil niemand damit beginnen wird. Es muß also verläßlich dargestellt werden, daß man alle Kräfte, Fähigkeiten, Vorräte und sonstigen Mittel hat, um die Utopie zu verwirklichen. Weiterhin muß deutlich sein, daß diese Utopie schließlich auch ein stabiler Zustand werden kann, der sich selber erhält und trägt. Dieses Erkennen der Machbarkeit schützt das Innere und erhält die Utopie lebendig. Dieses Schützen entsteht durch die Verbindung zum Stier (2. Kapitel).

Das, was im Kopf entsteht, muß anschließend geerdet werden.

- Die Utopie braucht weiterhin Informationen. Es müssen alle Möglichkeiten ausgeschöpft werden, um die Verwirklichung der Utopie so einfach wie möglich zu machen und den Aufwand so gering wie möglich zu halten. Diese Informiertheit erschafft eine lenkende und gestaltende Mitte, die das Vorankommen leitet. Sie entsteht durch die Verbindung zum Zwilling (3. Kapitel).

Viel Wissen – viel Weitblick.

- Die Utopie braucht auch ein einfaches Bild oder Symbol, also etwas, worüber man nicht nachdenken muß, sondern das schon auf den ersten Blick eingänglich und verständlich ist. Etwas, das man nur mit dem Verstand begreifen kann, wird niemals große Menschenmassen begeistern und zum Handeln bewegen. Dieses Bild schützt und belebt das System. Es entsteht durch die Verbindung zum Krebs (4. Kapitel).

Bilder begeistern die Massen.

- Die Utopie braucht auch ein „Herz", also jemanden der die „Bewegung" lenkt, der die Utopie verwirklichen will – eine Vordenker, einen Vorreiter, also einen, der alle Menschen oder zumindest viele Menschen mit seiner Haltung, seinen Reden und Taten begeistern und überzeugen kann. Dieses „Herz" verhindert die Einseitigkeit der allgemeingültigen Theorie und ergänzt sie durch das individuelle Vorbild. Dieses „Herz" entsteht durch die Verbindung zum Löwen (5. Kapitel).

  Jede Utopie hat einen lebendigen Kern.

- Die Utopie benötigt weiterhin wie alle Dinge im Leben auch die Sachkenntnis und das handwerkliche Geschick, damit alles auch so ablaufen kann wie es beabsichtigt und geplant worden ist. Diese Sachkenntnis und dieses Geschick ermöglichen die Weiterentwicklung. Sie entstehen durch die Verbindung zur Jungfrau (6. Kapitel).

  Sachwissen ist die Amme der neugeborenen Utopie.

- Die Utopie ist schließlich auch auf eine gute Kommunikation angewiesen, da die Utopie ja andere Menschen überzeugen und zum Handeln bringen muß. Es wird auch die Fähigkeit gebraucht, die Talente und Möglichkeiten der einzelnen Menschen so miteinander zu kombinieren, daß sich daraus eine effektive Kooperation von ganz verschiedenen Individuen ergibt. Diese harmonische Koordination und Kooperation ermöglichen eine klare Ausrichtung von allen Beteiligten auf die gemeinsame Utopie. Diese Zusammenarbeit entsteht durch die Verbindung zur Waage (7. Kapitel).

  Keine Utopie wird von einem Einzelnen verwirklicht.

- Die Utopie muß wandlungsfähig sein – nicht im Wesenskern, aber doch in den Einzelheiten, denn niemand sieht schon am Anfang den gesamten Weg. Daher müssen im Verlauf der Verwirklichung der Utopie immer wieder Änderungen an dem eingeschlagenen Weg und an den angestrebten Strukturen vorgenommen werden. Diese Verwandlungsfähigkeit erschafft die Sicherheit, letztlich erfolgreich zu sein. Sie entsteht durch die Verbindung zum Skorpion (8. Kapitel).

  Auch wenn die Utopie vorzüglich ist, braucht es auch noch den Strategen, der sie Wirklichkeit werden läßt.

- Die Utopie kann nur dann verwirklicht werden, wenn sie in überschaubare Etappenziele gegliedert wird und wenn jedem dieser Etappenziele bestimmte Menschen zugeordnet werden, die diese Aufgaben übernehmen. Diese Zielgerichtetheit hilft und ermöglicht es, ein aktiver Teil einer „Bewegung" zu werden. Diese

Ausrichtung auf ein Etappenziel entsteht durch die Verbindung zum Schützen (9. Kapitel).

Zerlege Deine Utopie in einzelne Ziele, die in einer Folge von Schritten erreicht werden können – dann werden Dir andere folgen.

- Die Utopie sollte natürlich auch so sachlich wie möglich sein, damit man ihr keine Illusionen hinzufügt, die dann dazu führen könnten, daß die Verwirklichung der Utopie scheitert. Diese Sachlichkeit ist kein zaghaftes Festklammern an Paragraphen und Verfahrensvorschriften, sondern das Erkennen der Strukturen und Dynamiken in der Welt. Diese Sachlichkeit erschafft einen Rückhalt in der Welt. Sie entsteht durch die Verbindung zum Steinbock (10. Kapitel).

Du willst die Realität ändern? Dann verstehe zuerst die Realität.

Zusammenfassung

Das in diesem Kapitel beschriebene Handeln ist auf das Große Ganze ausgerichtet, das in einen besseren Zustand versetzt werden soll. Daher ist hier die Wissenschaft, die Forschung, die Theorie und die Utopie die Grundlage – und die Politik der Bereich, in dem diese Dinge umgesetzt werden.

Dies ist der dritte der drei Stile, die auf das Vergleichen und Abstrahieren ausgerichtet sind (astrologische Luftzeichen).

Während der in Kapitel 7 beschriebene Stil (Waage) vergleicht und das Verständnis durch Analogien vertieft, schaut der hier in Kapitel 11 beschrieben Stil auf die Gesamtzusammenhängen und die allgemeine Theorie, und der in Kapitel 3 beschriebene Stil (Zwillinge) kümmert sich um die elegante Wendung an einem einzelnen Punkt des Ganzen.

Die Waage ist ein Gründer, der Wassermann ein Gestalter und der Zwilling ein Anwender.

12.   Seher

♓

Das Gespür für den „Zeitgeist" ist die zwölfte Grundlage, auf der ein effektives Handeln beruht. Dieser Ansatz ist derjenige der zwölf Vorgehensweisen, der am wenigsten von allen auffällt. Er besteht zu wesentlichen Teilen daraus, daß man spürt, „woher der Wind weht" und daß man diesen Wind dann nutzt. Das bedeutet, daß man ein gutes Gespür hat, daß man wie ein Seher Dinge vorausahnt und sich rechtzeitig dagegen wappnet und daß man durch kreative Imagination, also durch innere Bilder „den Zufall lenkt". Dieses Vorgehen ist also zu einem guten Teil der spirituell-magische Ansatz, der den Zufall, die Lebenskraft, die Energie – oder wie auch immer man das nennen möchte – lenkt.

Daher ist dieser Seher-Ansatz sehr unauffällig – er wirkt im Hintergrund wie der Magier hinter dem Thron des Königs.

Zu diesem Ansatz gehört auch, daß man aufmerksam alles verfolgt, was für das, was man selber erreichen will, von Bedeutung sein könnte – und diese Entwicklungen dann bereits nutzt bevor die anderen diese Entwicklungen und Strömungen überhaupt bemerkt haben. Daher besteht diese Ansatz zu einem großen Teil aus kleinen Handlungen wie die des Kapitäns eines Segelschiffes, das ja nicht mit viel Kraft gerudert wird, sondern bei dem lediglich im rechten Augenblick im rechten Maße Segel gehißt, Segel ein wenig mehr quergestellt und das Steuerruder ein paar Grad zur Seite gedreht werden.

Mit diesen kleinen Bewegungen an der richtigen Stelle lenkt man das Ganze mit geringem Kraftaufwand in die erwünschte Richtung.

Individuum

Auch für den Einzelnen ist diese Achtsamkeit auf alles, was in einem selber und rings um einen her vorgeht, von größter Bedeutung. Durch diese Wahrnehmung, die oft geradezu telepathisch wird (und es manchmal auch ist), werden dann durch kleine Handlungen Wirkungen erzeugt, die manchmal geradezu telekinetisch erscheinen (und es manchmal ja auch sind).

Der Einzelne hat die Welt als Ganzes im Blick (Politik, Ökologie u.ä.), erkennt die Situation, in denen er sich befindet, und stellt sich in größere Zusammenhänge (Gemeinschaften, UNO, NGOs u.ä.). Er erlebt sich zwar auch als Individuum, aber sieht sich dennoch auch als Teil eines größeren Ganzen. Er handelt als Teil des Ganzen aus dem Ganzen heraus für das Ganze. Durch diese Anbindung an das Ganze – in der Regel die Erde oder Gott – erhalten seine Taten auch diese auffällige Wirkung, die gemessen am sichtbaren Aufwand erstaunlich groß ist. Aber da der Einzelne sich mit dem Ganzen verbindet, handelt auch das Ganze durch ihn und hilft ihm dadurch …

Diese Haltung kann man letztlich nur „spirituell" nennen und für die Beschreibung der durch diese Haltung entstehenden Wirkung paßt das Wort „magisch" am besten. Doch das ist nichts, was nur „Alternative" anwenden – auch Börsenspekulanten brauchen diese intuitiven Fähigkeiten in hohem Maße.

Gemeinschaft

Auch Gemeinschaften und Unternehmungen binden sich gerne an größere Einheiten an – das geschieht in der Regel dadurch, daß sich die Unternehmen nach einer Gottheit benennen.

Es gibt vor allem griechische Firmennamen: Demeter-Bio, Nike-Schuhe, Hephaistos-Werkzeuge, Diogenes-Bücher, Selene-Dessous, Aphrodite-Dessous, Äskulap-Apotheken, Zeus-Oliven, Zeus-Grill, Poseidon-Angelsport, Dionysos-Parfum, Hermes-Versand, Apollo-Optik, Aurora-Mehl, Thalia-Buchhandlung, Zerberus-Brandmeldeanlagen, Ajax-Reiniger usw.

Auch die römischen Gottheiten sind häufig vertreten: Terra-Hardware, Luna-Schmuck, Merkur-Bank, Merkur-Auto (Ford-Marke), Venus-Kosmetik, Sol-Online-shop, Mars-Energieriegel, Ceres-Heilmittel, Jupiter-Küchenmaschinen, Saturn-Elektronik, Uranus-Hörgeräte, Neptun-Bewässerungsanlagen, Pluto-Design, Juno-Haushaltsgeräte usw.

Es gibt auch einige ägyptische Götternamen: Osiris-Bio, Osiris-Aromastoffe, Isis-Bio, Isis-Parfum, Apis-Kosmetik, Ra-Re-Mode, Sobek-Luftschrauben usw.

Weiterhin gibt es auch ein paar germanische Götternamen: Odin-Bio, Freya-Dessous, Thor-Bekleidung, Ullr-Textilien usw.

Persische Götternamen sind hingegen eher selten: Mazda-Auto.

Dasselbe gilt für japanische Gottheiten-Namen: Amaterasu-Anime-Merchandise.

Neben diesen Bitten um göttlichen Beistand (sofern es sich nicht einfach um Prahlerei mit der „göttlichen" Qualität der eigenen Produkte handelt) gibt es in Unternehmen hin und wieder auch die Inanspruchnahme von fähigen Magiern, um ein Produkt auf dem Markt durchzusetzen. Auch unter den Managern selber gibt es Magier und ähnliche „spirituelle Nebenberufe". So hat z.B. ein Manager von BASF lange Zeit den höchsten Dan (Rang) in Deutschland sowohl im Aikido (Kampfsportart) als auch im Kendo (Schwertkampf) innegehabt.

Zu dem in diesem Kapitel beschrieben Stil des Handelns gehört es auch, eine Unternehmung auch verwandeln oder wieder loslassen zu können, wenn es die Lage erfordert und langfristig sinnvoll ist. Daher finden sich hier auch Unternehmensberater und Insolvenzverwalter.

Die Menschen, die diesem Stil des Handelns folgen, erkennen die Stimmung in sich selber, in der Gemeinschaft und in der Welt und können sie für die von ihnen angestrebten Ziele nutzen. Dazu verwandeln sie das Bestehende mit einem möglichst geringen Aufwand.

Erde

Auch die Erde als Ganzes, d.h. vor allem das Leben auf ihr ist ein System, in dem alles mit allem verbunden ist und in dem alles auf alles andere wirkt. Im Bereich der menschlichen Tätigkeiten wird dies „Globalisierung" genannt, aber die menschlichen Tätigkeiten wirken auch auf die Tier- und Pflanzenwelt und sogar auf die Temperaturen, die Gletscher, die Höhe des Meeresspiegels, die Auflösung der Permafrostböden, die Häufigkeit und Größe von Waldbränden, die Ausweitung der Wüsten, den Grundwasserstand usw.

Die Erde ist ein Gesamtsystem, in dem alles auf alles andere wirkt – und diese Wirkungen sind nicht nur geringfügige Variationen, sondern z.B. durch den Klimawandel, das Ansteigen des Meeresspiegels und das Artensterben grundlegende Veränderungen.

Dabei führen oft kleine Veränderungen zu großen Auswirkungen. So haben z.B. die inzwischen verbotenen FCKW-Treibgase in Spraydosen den Abbau der schützenden Ozonschicht in der Atmosphäre bewirkt, was damals zu einer deutlichen Erhöhung der UV-Strahlung geführt hat, die wiederum das Risiko, an Hautkrebs zu erkranken, deutlich vergrößert hat.

Zusammenhänge

Für ein effektives Handeln ist jedoch nicht nur diese Achtsamkeit selber von zentraler Wichtigkeit – sie muß mit jedem anderen der zwölf Prinzipien des effektiven Handelns in Bezug gesetzt werden. Erst dadurch erhält die Achtsamkeit ihre effektive Größe, Struktur, Ausrichtung und Dynamik.

Die zwölf Aspekte, die bei der Achtsamkeit beachtet werden sollten, sind:

- Ohne die Achtsamkeit nimmt man schlimmstenfalls nicht rechtzeitig wahr, daß die Ebbe zur Flut übergeht und ertrinkt im Meer. Diese Fähigkeit ist notwendig, um wahrzunehmen, was rings um einen her geschieht, und diese Vorgänge –

dann anstatt dadurch geschädigt zu werden – für die eigenen Zwecke nutzt. Diese Achtsamkeit entspricht den Fischen (12. Kapitel). Sie ist die Grundlage und immer der erste Schritt dieses Handlungs-Stils.

Reite auf dem Drachen der Lebenskraft – dann ist Dir nichts unmöglich.

- Die Achtsamkeit braucht auch das Handeln, wobei diese Taten oft relativ klein sind wie das geringfügige Wenden des Steuerruders des Schiffes, durch das das Schiff dann in die gewünschte Richtung segelt. Dieses Handeln ist stets der notwendige zweite Schritt bei dieser intuitiven Handlungsweise. Diese Tatkraft entsteht durch die Verbindung zum Widder (1. Kapitel).

Jeder Drache hat seinen eigenen Tanz.

- Die Achtsamkeit schaut auch genau darauf, wo wieviel Kraft, Geld und Zeit eingesetzt werden sollte um möglichst effektiv zu sein. Auch ein offenes System wie das, das in diesem Kapitel beschrieben wird, braucht eine Hülle, die das Innen beieinander hält und beschützt – diese Hülle ist bei der hier beschriebenen Handlungsweise allerdings deutlich überdurchschnittlich durchlässig. Diese Schutzhülle integriert das eigene Leben in den Umraum der Geborgenheit. Diese Schutzhülle entsteht durch die Verbindung zum Stier (2. Kapitel).

Jeder Drache hat seine Höhle.

- Die Achtsamkeit benötigt die wache Wahrnehmung von allem, was im Innen und im Außen vor sich geht. Nur dadurch ist sie in der Lage, stets den Weg des geringsten Widerstandes zu dem gewünschten Ziel zu erkennen und auch zu gehen. Diese Informiertheit schützt das Innere. Sie entsteht durch die Verbindung zum Zwilling (3. Kapitel).

Willst Du sehen wie Drache? Dann schaue mit Deinen inneren Augen.

- Die Achtsamkeit wird auch dadurch gefördert, daß sie ein Realitäts-Bild von dem erschafft, wie es gerade ist, und ein Wunsch-Bild von dem, wie man es gerne haben würde. Dabei hilft die Intuition bei dem Erschaffen des Bildes, wie die Lage gerade ist, und die „Magie" bei dem Verwirklichen des Bildes, wie die Lage sein sollte. Diese beiden Bilder ermöglichen und erschaffen eine kreative, lenkende Mitte. Sie entstehen durch die Verbindung zum Krebs (4. Kapitel).

Der Drache der Lebenskraft ist die Quelle der Magie.

- Die Achtsamkeit braucht wie jedes Schiff auch einen Kapitän, der den Gesamtüberblick hat und der das Schiff seinem Willen gemäß steuert: Man muß wissen, was man will, denn wenn man nicht weiß, wo man hin will, braucht man sich auch nicht zu wundern, wenn man ganz woanders ankommt. Diese zentrale Lenkung schützt das System vor dem Zerfallen. Sie entsteht durch die Verbindung zum Löwen (5. Kapitel).

Das Herz des Drachen ist vollkommene Selbstgewißheit und Selbsttreue.

- Die Achtsamkeit, die diffus auf das Ganze schaut, benötigt als Ergänzung auch die gezielte Aufmerksamkeit auf das Detail. Oder anders gesagt: Der Kapitän mit dem Fernrohr braucht auch den Handwerker mit der Lupe. Diese Ausrichtung auf die Details und dieses handwerkliche Geschick verhindern die Einseitigkeit des „Blickes in die Ferne". Diese Beachtung auch der Details entsteht durch die Verbindung zur Jungfrau (6. Kapitel).

Der Drache sieht und versteht alles.

- Die Achtsamkeit wird auch dadurch gefördert, daß man andere in das eigene Handeln miteinbezieht bzw. daß man selber auch anderen hilft. Das fällt denen, die dem hier beschrieben Stil folgen, meistens leicht, da sie die Welt stets als ein Großes Ganzes erleben. Diese Kooperationsbereitschaft ermöglicht die Weiterentwicklung. Sie entsteht durch die Verbindung zur Waage (7. Kapitel).

Du dachtest, es gibt nur einzelne Drachen? Weit gefehlt! Alle Drachen kennen einander.

- Die Achtsamkeit braucht auch ein klares Gespür dafür, welche der wahrgenommenen Strömungen und Tendenzen wirklich wichtig sind, und auch, welche Dinge und Menschen und Umstände in diesem Zusammenhang wirklich wichtig sind. Diese Wahrnehmung des Wesentlichen ermöglicht eine klare Ausrichtung und eine sparsame Anwendung der eigenen Ressourcen. Diese Wahrnehmung des Wesentlichen entsteht durch die Verbindung zum Skorpion (8. Kapitel).

Drachen haben viele Gestalten …

- Die Achtsamkeit, die sich nur zu gerne in das Ganze hinein weitet, benötigt hin und wieder auch die Bündelung und Ausrichtung auf ein Ziel hin. Diese Zielgerichtetheit erschafft Sicherheit. Sie entsteht durch die Verbindung zum Schützen (9. Kapitel).

Willst Du einen Drachen verstehen, dann schaue Dir die Wunschperle an, der er mit seinen Bewegungen folgt.

- Die Achtsamkeit sollte auch erkennen, wo in dem Meer, durch das das Schiff segelt, die harten Felsen sind, die dem eigenen Kurs im Weg stehen könnten. Dieser nüchterne Realismus, der die „festen Balken" in dem sich ständig verändernden Fluß des Lebens erkennt – die Naturgesetze, staatliche Gesetze, Reiche und Mächtige – ermöglicht es denen, die nach diesem Stil leben und handeln, unbeschadet ihre Ziele zu erreichen. Diese Sachlichkeit hilft Teil einer größeren „Bewegung" zu werden. Sie entsteht durch die Verbindung zum Steinbock (10. Kapitel).

Ein Drache ist eine einzelne Welle im Fluß der Lebenskraft.

- Die Achtsamkeit kann schließlich auch noch durch ein theoretisches Verständnis für die Vorgänge in der Welt gefördert werden. Wenn man begreift, warum wann was geschieht, ist man den Ereignissen immer einen Schritt voraus und kann sich besser auf das, was kommt, einstellen. Außerdem ermöglicht dieses theoretische Verstehen, die Möglichkeiten und den optimalen Zustand richtig einzuschätzen. Diese theoretischen Kenntnisse erschaffen einen bewußten Rückhalt in der Welt. Dieses Wissen entsteht durch die Verbindung zum Wassermann (11. Kapitel).

Die Weisheit der Welt liegt im Auge des Drachen.

Zusammenfassung

Durch die Offenheit für das Große Ganze kann man zum einem die großen Strömungen wahrnehmen und zum anderen kann man sie auch nutzen. Dabei sind Ahnungen, Intuition und das „kreative Imaginieren", das bisweilen auch „Magie" genannt wird, die wichtigsten Werkzeuge.

Dies ist der dritte der drei Stile, die auf das bildhafte Veranschaulichen ausgerichtet sind (astrologische Wasserzeichen).

Während der in Kapitel 4 beschriebene Stil (Krebs) sich die Dinge auf der Zunge zergehen läßt und dadurch mit ihnen emotional vertraut wird, bündelt der in Kapitel 8 beschriebene Stil (Skorpion) alle Gefühle einsgerichtet auf ein einziges Thema hin, und der hier in Kapitel 12 beschriebene Stil der Fische hat das Gespür für das, was gerade alles ringsum mehr oder weniger deutlich wahrnehmbar ist.

Der Krebs ist ein Gründer, der Skorpion ein Gestalter und der Fisch ein Anwender.

Bücher von Harry Eilenstein

Magie für Anfänger
- Telepathie für Anfänger (60 S.)
- Telepathie für Fortgeschrittene (52 S.)
- Telekinese für Anfänger (52 S.)
- Analogien für Anfänger (56 S.)
- Omen und Orakel für Anfänger (52 S.)
- Lebenskraft für Anfänger (60 S.)
- Meditation für Anfänger (56 S.)
- Kundalini für Anfänger (100 S.)
- Hypnose für Anfänger (56 S.)
- Kampfmagie für Anfänger (172 S.)
- Auto-Movement für Anfänger (56 S.)
- Chakra-Magie für Anfänger (148 S.)
- Astralreisen für Anfänger (56 S.)
- Astrologie für Anfänger (120 S.)
- Astrologische Quadrate für Fortgeschrittene (72 S.)
- Partnerhoroskope für Anfänger (100 S.)
- Silberschnüre für Anfänger (52 S.)
- Zaubersprüche für Anfänger (60 S.)
- Ritual-Magie für Anfänger (56 S.)
- Mandalas für Anfänger (68 S.)
- Geldzauber für Anfänger (56 S.)
- Liebeszauber für Anfänger (52 S.)
- Invokationen für Anfänger (52 S.)
- Evokationen für Anfänger (60 S.)
- Geister für Anfänger (52 S.)
- Elfen für Anfänger (56 S.)
- Magie-Forschung für Anfänger (140 S.)
- Magie-Romantik für Anfänger (60 S.)
- Selbsterkenntnis für Anfänger (52 S.)
- Einweihungen für Anfänger (60 S.)
- Drogen-Kabbala für Anfänger (216 S.)
- Zahlensymbolik für Anfänger (60 S.)
- Die Sprache des Mondes – für Anfänger (116 S.)
- Zaubergesänge für Anfänger (100 S.)
- Zukunftschau für Anfänger (60 S.)
- Schamanismus für Anfänger (52 S.)
- Schwitzhütten für Anfänger (52 S.)
- Magische Gegenstände für Anfänger (68 S.)
- Übertragungen für Anfänger (68 S.)
- Zaubertränke für Anfänger (64 S.)
- Magie-Gesten für Anfänger (252 S.)
- Da'ath-Magie für Anfänger (64 S.)
- Magie-Heilungen für Anfänger (68 S.)
- Kornkreise für Anfänger (348 S.)
- Feng Shui für Anfänger (96 S.)
- Tao für Anfänger (112 S.)
- Magie für Anfänger – Sammelband   I (696 S.)
- Magie für Anfänger – Sammelband   II (664 S.)
- Magie für Anfänger – Sammelband III (580 S.)
- Magie für Anfänger – Sammelband IV (700 S.)
- Magie für Anfänger – Sammelband   V (676 S.)
- Magie für Anfänger – Sammelband VI (640 S.)

Magie
- Handbuch für Zauberlehrlinge (408 S.)
- Wie man das Pentagramm-Ritual zum Leben erweckt (308 S.)
- Tarot (104 S.)
- Physik und Magie (184 S.)
- Die Synthese von Physik und Magie (200S.)
- Die Magie-Formel (156 S.)
- Schwarze Löcher in der Magie (56 S.)
- Krafttiere – Tiergöttinnen – Tiertänze (112 S.)
- Schwitzhütten (524 S.)
- Mythen und Magie der Harfe (116 S.)
- Drei Adeptus Major Rituale (192 S.)
- Drei Adeptus Exemptus Rituale (120 S.)
- Zwei Infans Abyssi Rituale (128 S.)

Traumreisen
- Traumreisen zu Heilpflanzen (700 S.)
- Traumreisen zum kabbalistischen Lebensbaum (132 S.)

Meditation
- Der Lebenskraftkörper (230 S.)
- Die Chakren (100 S.)
- Das Chakren-System mit den Nebenchakren (296 S.)
- Organe und Chakren (64 S.)
- Die platonischen Körper in den Chakren (156 S.)
- Meditation (140 S.)
- Drachenfeuer (124 S.)
- Kundalini I (676 S.)
- Kundalini II (672 S.)
- Reinkarnation (156 S.)
- eingerichtet (140 S.)

Astrologie
- Astrologie (496 S.)
- Photo-Astrologie (428 S.)
- Die astrologischen Aspekte (88 S.)
- Horoskop und Seele (120 S.)

Kabbala
- Kursus der praktischen Kabbala (150 S.)
- Eltern der Erde (450 S.)
- Blüten des Lebensbaumes:
   1. Die Struktur des kabbalistischen Lebensbaumes (370 S.)
   2. Der kabbalistische Lebensbaum als Forschungshilfsmittel (580 S.)
   3. Der kabbalistische Lebensbaum als spirituelle Landkarte (520 S.)
- Logik und Wirkung der Analogie (700 S.)

Eilenstein, Frater V.D., Knecht, Büdenbender
- Magie heute – Berichte aus der Praxis (288 S.)

Büdenbender, Eilenstein
- Chaos, Alk und Magic (436 S.)

die „Anfänger"-Reihe
- The Synthesis of Physics and Magic (192 p.)
- Telepathy for Beginners (60 p.)
- Telepathy for Advanced Learners (52 p.)
- Telekinesis for Beginners (56 p.)
- Life Force for Beginners (76 p.)
- Kundalini for Beginners (104 p.)
- Astral Projection for Beginners (60 p.)
- Meditation for Beginners (60 p.)
- Prophecy for Beginners (60 p.)
- Ritual Magic for Beginners (64 p.)
- Magic Chant for Beginners (108 p.)
- Invocations for Beginners (52 p.)
- Evocations for Beginners (62 p.)
- Auto-Movement for Beginners (60 p.)
- Elves for Beginners (56 p.)
- Hypnosis for Beginners (56 p.)
- Love Magic for Beginners (52 p.)
- Money Magic for Beginners (60 p.)
- Magic Objects for Beginners (64 p.)
- Shamanism for Beginners (52 p.)
- Chakra-Magic for Beginners (148 p.)
- Language of the Moon – for Beginners (128 p.)
- Self Knowledge for Beginners (60 p.)
- Da'ath-Magic for Beginners (64 p.)
- Astrology for Beginners (112 p.)
- Number Symbolism for Beginners (64 p.)
- Mandalas for Beginners (76 p.)
- Crop Circles for Beginners (344 p.)
- Feng Shui for Beginners (96 p.)
- Magic Research for Beginners (140 p.)
- Magic for Beginners – Anthology I (636 p.)
- Magic for Beginners – Anthology II (616 p.)
- Magic for Beginners – Anthology III (684 p.)
- Magic for Beginners – Anthology IV (580 p.)

Eilenstein, Frater V.D., Knecht, Büdenbender
- Living Magic (261 S.) (= „Magie heute")

sonstige englische Ausgaben
- The Biography of the Devil (140 S.)
- The Synthesis of Physics and Magic (192 S.)
- The Chakra-System with the Minor Chakras (304 S.)